JN017289

スポーツ医学検定
公式過去問題集
2級・3級

一般社団法人 日本スポーツ医学検定機構［著］

TOYOKAN

問題集刊行にあたって

第１回スポーツ医学検定を2017年５月に開催してから約３年が経ちました。この間、問題集がほしいという声が寄せられていましたが、その声に応える形で、スポーツ医学検定２級・３級の過去問を中心とした問題集を刊行することになりました。

スポーツ医学検定は、受検した人をふるいにかけ、ある一定人数を選抜する資格試験ではありません。より多くの人に身体やケガの知識を届けることが本検定の目的であり、その級に応じたスポーツ医学の知識をもっていれば合格することができます。私たちが伝えたい内容は公式テキストに盛り込んでいますが、知識を定着させるために、本問題集を活用していただければ幸いです。

今年は日本にとって歴史的なイベントである東京2020オリンピック・パラリンピックが開催されます。スポーツへの関心も高まることでしょう。多くの「楽しみ」や「喜び」をもたらしてくれるスポーツが、安全な環境で行われ、その価値を保ち続けてくれることを願います。皆さんが本検定を通じて、スポーツ医学の学びを楽しんでいただければ幸いです。そしてスポーツ医学の輪をさらに広めていきましょう。

2020年３月１日

一般社団法人日本スポーツ医学検定機構代表理事
整形外科医師・医学博士
大関信武

より良いスポーツ環境を作るために

□ スポーツのケガ・故障を減らすために

スポーツのケガを減らすためには、選手個人がケガ・故障についての知識をもち、セルフケアをしっかりできるようにすることが重要です。そのために、指導者やトレーナーなどスポーツに関わる人たちが、適切な情報を選手に提供したり、環境を整備したりすることが求められます。もちろん、練習や試合の前の準備だけでなく、練習や試合後のリカバリーも大切です。時間や場所の問題でリカバリーが十分にできないこともありますが、それを当たり前にやれるような環境を作っていくことも大切だと感じています。

□ 競技パフォーマンス向上にも繋がるスポーツ医学

スポーツのケガ・故障には突発的に発生する「スポーツ外傷」と、繰り返しの負荷によって起こる「スポーツ障害」があります。特に「スポーツ障害」に関しては、その予防が競技力向上に直結する、と私は考えています。プロになるような選手でも、身体の使い方が良いとは言えない選手もいます。そういう選手が故障の予防のために身体の使い方を修正することで、競技力も向上するといったケースが見られます。「ケガ・故障の予防」に取り組むことが、パフォーマンスを向上させるという認識があれば、スポーツ医学の勉強をするなどの「ケガ・故障の予防」のための取り組みがしやすくなるのではないかと思います。

□ スポーツ医学検定を通じて伝えたいこと

私がスポーツの現場に医師として関わってきた中で、スポーツ医学に関する基本的な知識がもっと広まれば、よりスムーズに選手のサポートができるのではないか、と感じていました。実際に、お互いの認識の違いのために、衝突が起こってしまった苦い経験もあります。思い込みや偏見ではなく、正しい知識に則った上でコミュニケーションを取れれば、このようなすれ違いは減っていくだろうと考えています。この検定が正しい知識をスポーツ現場にも受け入れやすいような形で提供することで、医療とスポーツ現場のスタッフ・選手・その家族などとのコミュニケーションを繋ぐものになれればと思っています。

スポーツ医学公式過去問題集 編集代表
今井宗典

目次 CONTENTS

本書の使い方

問題ページ

A～Fの出題ジャンルごとの問題を掲載しています。

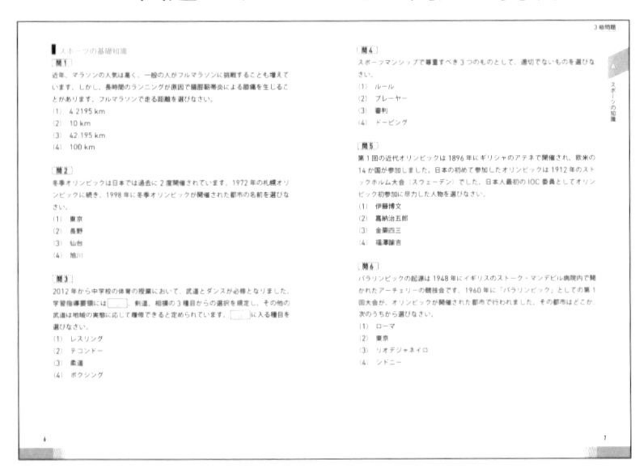
3 級問題

スポーツの基礎知識

問1
近年、マラソンの人気は高く、一般の人がフルマラソンに挑戦することも増えています。しかし、長時間のランニングが原因で腸脛靭帯炎による膝痛を生じることがあります。フルマラソンで走る距離を選びなさい。
(1) 4.2195 km
(2) 10 km
(3) 42.195 km
(4) 100 km

問2
冬季オリンピックは日本では過去に 2 度開催されています。1972 年の札幌オリンピックに続き、1998 年に冬季オリンピックが開催された都市の名前を選びなさい。
(1) 東京
(2) 長野
(3) 仙台
(4) 旭川

問3
2012 年から中学校の体育の授業において、武道とダンスが必修となりました。学習指導要領には［　］、剣道、相撲の 3 種目からの選択を規定し、その他の武道は地域の実態に応じて履修できると定められています。［　］に入る種目を選びなさい。
(1) レスリング
(2) テコンドー
(3) 柔道
(4) ボクシング

問4
スポーツマンシップで尊重すべき 3 つのものとして、適切でないものを選びなさい。
(1) ルール
(2) プレーヤー
(3) 審判
(4) ドーピング

問5
第 1 回の近代オリンピックは 1896 年にギリシャのアテネで開催され、欧米の 14 か国が参加しました。日本の初めて参加したオリンピックは 1912 年のストックホルム大会（スウェーデン）でした。日本人最初の IOC 委員としてオリンピック初参加に尽力した人物を選びなさい。
(1) 伊藤博文
(2) 嘉納治五郎
(3) 金栗四三
(4) 福澤諭吉

問6
パラリンピックの起源は 1948 年にイギリスのストーク・マンデビル病院内で開かれたアーチェリーの競技会です。1960 年に「パラリンピック」としての第 1 回大会が、オリンピックが開催された都市で行われました。その都市はどこか、次のうちから選びなさい。
(1) ローマ
(2) 東京
(3) リオデジャネイロ
(4) シドニー

A スポーツの知識

解答ページ

解答と解説を掲載しています。『スポーツ医学検定公式テキスト 2 級・3 級 改訂版』での対応ページも記載しています。

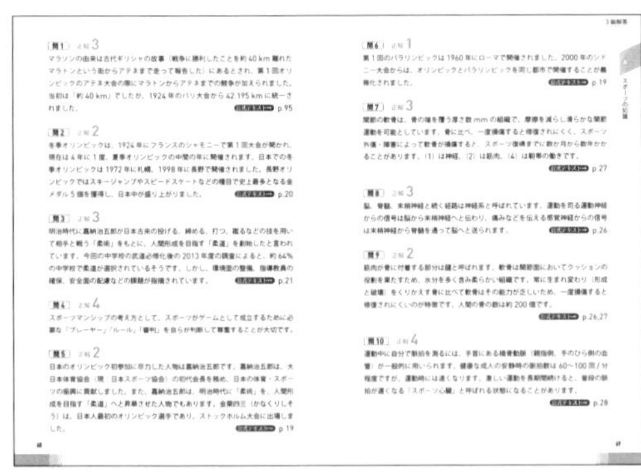
3 級解答

問1 正解 3
マラソンの由来は古代ギリシャの故事（戦争に勝利したことを約 40 km 離れたマラトンという街からアテネまで走って報告した）にあるとされ、第 1 回オリンピックのアテネ大会の際にマラトンからアテネまでの競争が加えられました。当初は「約 40 km」でしたが、1924 年のパリ大会から 42.195 km に統一されました。 公式テキスト p.95

問2 正解 2
冬季オリンピックは、1924 年にフランスのシャモニーで第 1 回大会が開かれ、現在は 4 年に 1 度、夏季オリンピックの中間の年に開催されます。日本での冬季オリンピックは 1972 年に札幌、1998 年に長野で開催されました。長野オリンピックではスキージャンプやスピードスケートなどの種目で史上最多となる金メダル 5 個を獲得し、日本中が盛り上がりました。 公式テキスト p.20

問3 正解 3
明治時代に嘉納治五郎が日本古来の投げる、締める、打つ、蹴るなどの技を用いて相手と戦う「柔術」をもとに、人間形成を目指す「柔道」を創始したと言われています。今回の中学校の武道必修化後の 2013 年度の調査によると、約 64% の中学校で柔道が選択されているそうです。しかし、環境面の整備、指導教員の確保、安全面の配慮などの課題が指摘されています。 公式テキスト p.21

問4 正解 4
スポーツマンシップの考え方として、スポーツがゲームとして成立するために必要な「プレーヤー」「ルール」「審判」を自らが判断して尊重することが大切です。

問5 正解 2
日本のオリンピック初参加に尽力した人物は嘉納治五郎です。嘉納治五郎は、大日本体育協会（現 日本スポーツ協会）の初代会長を務め、日本の体育・スポーツの振興に貢献しました。また、嘉納治五郎は、明治時代に「柔術」を、人間形成を目指す「柔道」へと昇華させた人物でもあります。金栗四三（かなくりしそう）は、日本人最初のオリンピック選手であり、ストックホルム大会に出場しました。 公式テキスト p.19

問6 正解 1
第 1 回のパラリンピックは 1960 年にローマで開催されました。2000 年のシドニー大会からは、オリンピックとパラリンピックを同じ都市で開催することが義務化されました。 公式テキスト p.19

問7 正解 3
関節の軟骨は、骨の端を覆う厚さ数 mm の組織で、摩擦を減らし滑らかな関節運動を可能としています。骨に比べ、一度損傷すると修復されにくく、スポーツ外傷・障害によって軟骨が損傷すると、スポーツ復帰までに数か月から数年かかることがあります。(1) は神経、(2) は筋肉、(4) は靭帯の働きです。 公式テキスト p.27

問8 正解 3
脳、脊髄、末梢神経と続く経路は神経系と呼ばれています。運動を司る運動神経からの信号は脳から末梢神経へと伝わり、痛みなどを伝える感覚神経からの信号は末梢神経から脊髄を通って脳へと送られます。 公式テキスト p.26

問9 正解 2
筋肉が骨に付着する部分は腱と呼ばれます。軟骨は関節面においてクッションの役割を果たすため、水分を多く含み柔らかい組織です。常に生まれ変わり（形成と破壊）をくりかえす骨に比べて軟骨はその能力が乏しいため、一度損傷すると修復されにくいのが特徴です。人間の骨の数は約 200 個です。 公式テキスト p.26,27

問10 正解 4
運動中に自分で脈拍を測るには、手首にある橈骨動脈（親指側、手のひら側の血管）が一般的に用いられます。健康な成人の安静時の脈拍数は 60～100 回 / 分程度ですが、運動時には速くなります。激しい運動を長期間続けると、普段の脈拍が遅くなる「スポーツ心臓」と呼ばれる状態になることがあります。 公式テキスト p.28

A スポーツの知識

解答用紙ページ

巻末には、コピーしてくり返し使える、
解答用紙を用意しています。

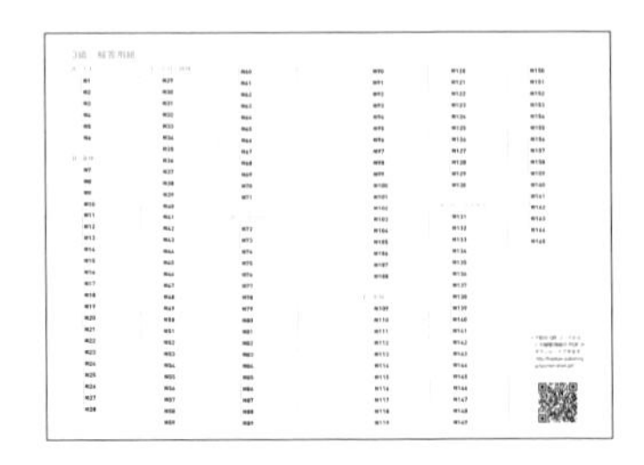

3級試験

問題編

A スポーツの知識

スポーツに携わる上では誰でも知っておきたいスポーツの基本的な知識が問われます。

B 身体の知識

運動に必須である骨、筋肉、関節などの運動器の解剖の知識のほか、全身の臓器の基本的な知識が問われます。

C スポーツのケガ・故障の知識

頭部、顔面、脊椎、四肢など各部位におけるスポーツのケガ・故障の知識が問われます。

D アスリハの知識

アスレティック・リハビリテーションに関する知識が問われます。

E スポーツ医学全般の知識

スポーツと栄養、熱中症、障がい者スポーツ、アンチ・ドーピングなど、スポーツ医学全般の知識が問われます。

F ケーススタディ

個別のケースを例にとった形式で、身体、スポーツのケガ・故障、アスリハ、スポーツ医学全般の知識が問われます。

スポーツの基礎知識

問 1

近年、マラソンの人気は高く、一般の人がフルマラソンに挑戦することも増えています。しかし、長時間のランニングが原因で腸脛靭帯炎による膝痛を生じることがあります。フルマラソンで走る距離を選びなさい。

(1)　4.2195 km
(2)　10 km
(3)　42.195 km
(4)　100 km

問 2

冬季オリンピックは日本では過去に 2 度開催されています。1972 年の札幌オリンピックに続き、1998 年に冬季オリンピックが開催された都市の名前を選びなさい。

(1)　東京
(2)　長野
(3)　仙台
(4)　旭川

問 3

2012 年から中学校の体育の授業において、武道とダンスが必修となりました。学習指導要領には［ a ］、剣道、相撲の 3 種目からの選択を規定し、その他の武道は地域の実態に応じて履修できると定められています。［ a ］に入る種目を選びなさい。

(1)　レスリング
(2)　テコンドー
(3)　柔道
(4)　ボクシング

問 4

スポーツマンシップで尊重すべき 3 つのものとして、適切でないものを選びなさい。

（1） ルール
（2） プレーヤー
（3） 審判
（4） ドーピング

問 5

第 1 回の近代オリンピックは 1896 年にギリシャのアテネで開催され、欧米の 14 か国が参加しました。日本の初めて参加したオリンピックは 1912 年のストックホルム大会（スウェーデン）でした。日本人最初の IOC 委員としてオリンピック初参加に尽力した人物を選びなさい。

（1） 伊藤博文
（2） 嘉納治五郎
（3） 金栗四三
（4） 福澤諭吉

問 6

パラリンピックの起源は 1948 年にイギリスのストーク・マンデビル病院内で開かれたアーチェリーの競技会です。1960 年に「パラリンピック」としての第 1 回大会が、オリンピックが開催された都市で行われました。その都市はどこか、次のうちから選びなさい。

（1） ローマ
（2） 東京
（3） リオデジャネイロ
（4） シドニー

全身の基礎知識

問 7

骨の端を覆っている、軟骨の働きとして適切なものを選びなさい。

(1) 大脳からの運動の指令を筋肉に伝える。

(2) 骨に付着して、収縮することで関節を動かす。

(3) 滑らかな関節運動を可能とする。

(4) 骨と骨を強固に連結し、関節を安定化させる。

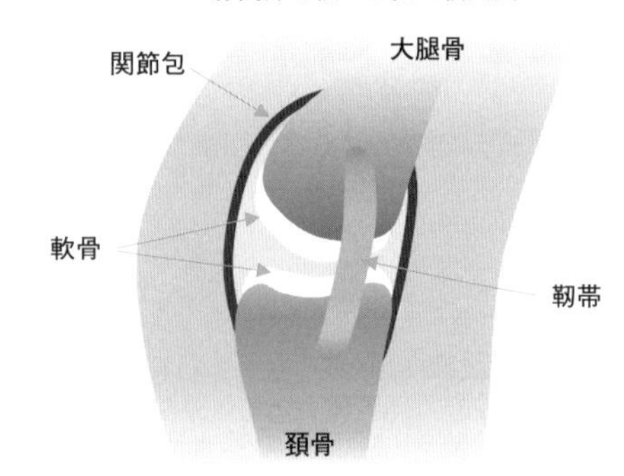

問 8

大脳からの運動の指令は、脊髄、末梢[a]を通して、[b]に伝えられます。脳や脊髄は中枢[a]とも呼ばれ、これらの障害は運動に大きな影響を及ぼします。[a]および[b]の組織の名称として適切なものを選びなさい。

(1) a. 神経、b. 軟骨

(2) a. 血管、b. 軟骨

(3) a. 神経、b. 筋肉

(4) a. 血管、b. 筋肉

問 9

運動器に関する記述として適切なものを選びなさい。

(1) 筋肉が骨に付着する部位は靭帯と呼ばれる。

(2) 筋肉の収縮によって関節の運動が起こる。

(3) 軟骨は常に生まれ変わっており、損傷しても修復されやすい。

(4) 人間には約 80 個の骨がある。

問 10

スポーツ中の心拍数の把握するため、脈拍を測ることがあります。図はどの血管で脈拍を測っているか、適切なものを選びなさい。

（1） 上腕動脈
（2） 大腿動脈
（3） 足背動脈
（4） 橈骨動脈

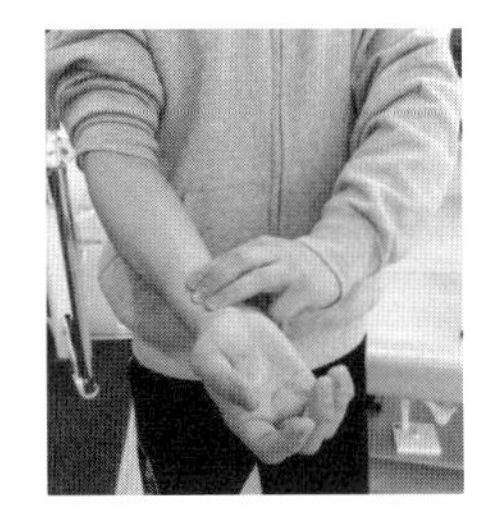

問 11

スポーツ中の身体の状態を把握するために、脈拍を測ることは重要です。健康な成人の安静時の脈拍数として適切なものを選びなさい。

（1） 0〜30 回／分程度
（2） 30〜60 回／分程度
（3） 60〜100 回／分程度
（4） 120〜200 回／分程度

骨・筋肉の知識

問 12

肘関節を構成する 3 つの骨の組み合わせとして適切なものを選びなさい。

（1） 中手骨、橈骨、 尺骨
（2） 橈骨、 尺骨、 上腕骨
（3） 鎖骨、 上腕骨、肩甲骨
（4） 舟状骨、橈骨、 尺骨

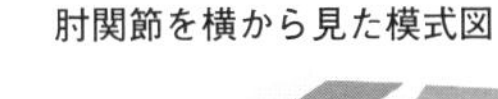

肘関節を横から見た模式図

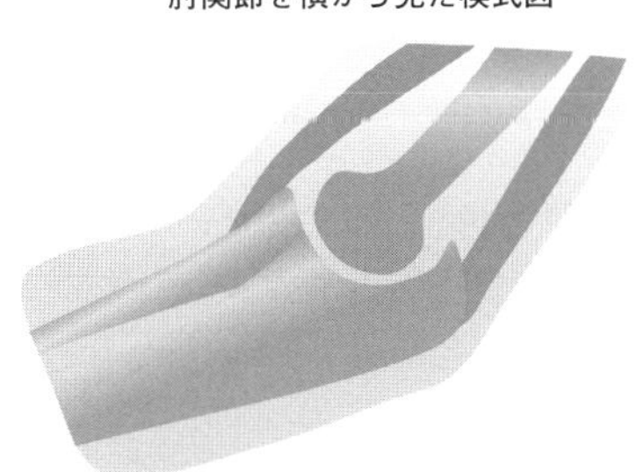

問 13

肩の筋肉には、表層にあり大きな力を発揮する三角筋・大胸筋・広背筋などの［ a ］と、深層にあり肩関節を安定させる棘上筋、肩甲下筋などのインナーマッスルがあります。［ a ］に当てはまる組織の名称として適切なものを選びなさい。

(1)　アウターマッスル
(2)　オーバーマッスル
(3)　ディープマッスル
(4)　ストロングマッスル

問 14

前腕にある 2 本の骨は手根骨と手関節を構成します。次のうち前腕を構成する 2 本の骨を選びなさい。

(1)　中手骨 と 舟状骨
(2)　尺骨　 と 中手骨
(3)　橈骨　 と 尺骨
(4)　橈骨　 と 月状骨

問 15

肩の深層には肩関節の動きや安定性に重要なインナーマッスル（棘上筋、棘下筋、肩甲下筋、小円筋）があります。この 4 つの筋肉が上腕骨に付着する部分の名称として適切なものを選びなさい。

(1)　半月板
(2)　椎間板
(3)　腱板
(4)　関節唇

問 16

次の図は右手の甲を上から見たものです。図の[a]と[b]の組み合わせとして、適切なものを選びなさい。

（1） a. DIP、b. MP
（2） a. DIP、b. PIP
（3） a. PIP、b. DIP
（4） a. PIP、b. MP

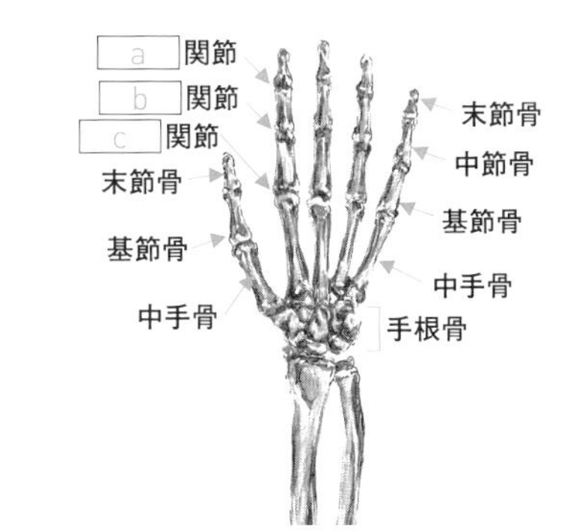

問 17

脊椎は複数の骨が連なった構造をしています。腰椎は何個あるか適切なものを選びなさい。

（1） 3 個
（2） 5 個
（3） 7 個
（4） 12 個

問 18

膝を曲げる働きをする大腿後面にある半膜様筋・半腱様筋・大腿二頭筋の総称として適切なものを選びなさい。

（1） ハムストリング
（2） 下腿三頭筋
（3） 大腿四頭筋
（4） 腸脛靭帯

問 19

発生頻度の高いスポーツ外傷として、足関節の外側にある靭帯を損傷する内がえし捻挫があります。外側の靭帯が付着する外くるぶしに該当する骨の名称を選びなさい。

（1） 中足骨
（2） 大腿骨
（3） 脛骨
（4） 腓骨

問 20

人体の中で最も長く、股関節や膝関節を構成する骨として、適切なものを選びなさい。

（1） 上腕骨
（2） 大腿骨
（3） 腓骨
（4） 鎖骨

問 21

下腿後面には腓腹筋とヒラメ筋があり、これらをあわせて下腿三頭筋と呼びます。この筋が踵の骨に付着する部分の腱は何と呼ばれているか、適切なものを選びなさい。

（1） 腓骨筋腱
（2） アキレス腱
（3） 膝蓋腱
（4） 足底腱膜

問22

踵骨と足の基節骨をつなぐ［ a ］は、足のアーチ保持と荷重時の衝撃吸収に重要な役割をはたします。［ a ］に当てはまるものとして適切なものを選びなさい。

（1） アキレス腱
（2） 足底腱膜
（3） 腸脛靭帯
（4） 鵞足

問23

図の［ a ］は仙骨と骨盤の寛骨の連結している部分です。［ a ］の名称として適切なものを選びなさい。

（1） 股関節
（2） 仙腸関節
（3） 肩鎖関節
（4） 椎間関節

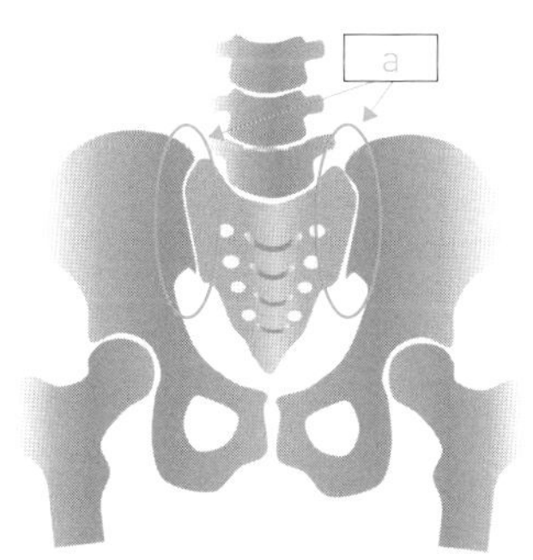

問24

スポーツ動作において、「体幹」は姿勢を維持し、動作の軸となり安定感やバランスを保つ重要な部位で、腹部の筋も含まれます。以下の中で、腹部の筋ではないものを選びなさい。

（1） 腹直筋
（2） 腹横筋
（3） 腹斜筋
（4） 腓腹筋

問 25

腹筋は姿勢を維持するために非常に重要であり、図に示した[a]や腹横筋の他に、外腹斜筋や内腹斜筋などが含まれます。腹部前面の中央にあって、恥骨と肋軟骨をつないでいる[a]に当てはまる筋肉として、適切なものを選びなさい。

（1） 腓腹筋
（2） 広背筋
（3） 僧帽筋
（4） 腹直筋

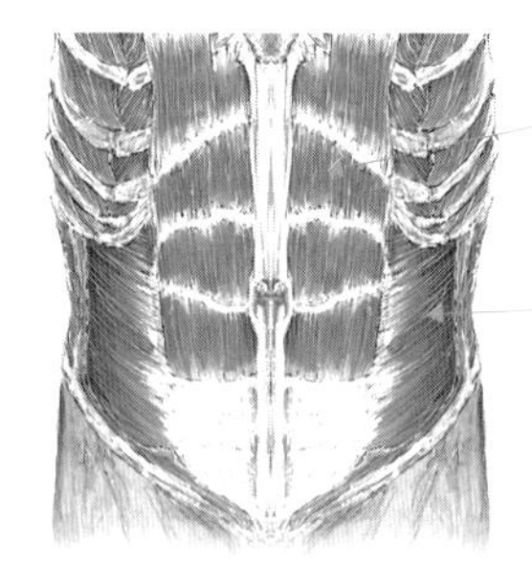

問 26

腰椎と腰椎の間でクッションの役割をする図の[a]に当てはまる組織として適切なもの選びなさい。

（1） 神経根
（2） 腱板
（3） 椎間関節
（4） 椎間板

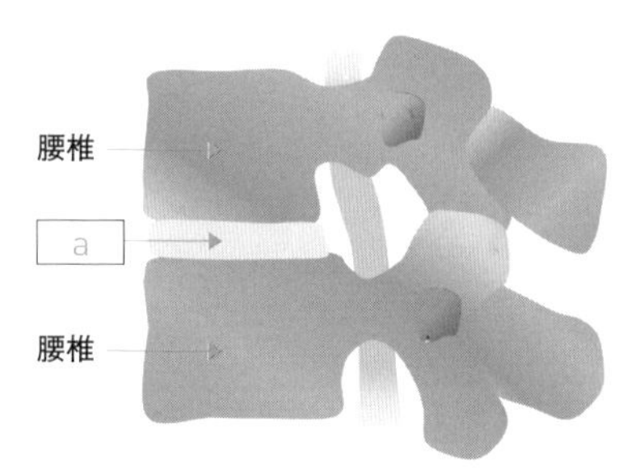

問 27

図の［ a ］は頚椎や後頭部から始まり肩甲骨に付着する筋肉で、この筋肉の硬さや疲労は肩こりや頚部痛の原因にもなります。［ a ］に当てはまるものとして適切なものを次のうちから選びなさい。

(1)　上腕二頭筋

(2)　大胸筋

(3)　肩甲下筋

(4)　僧帽筋

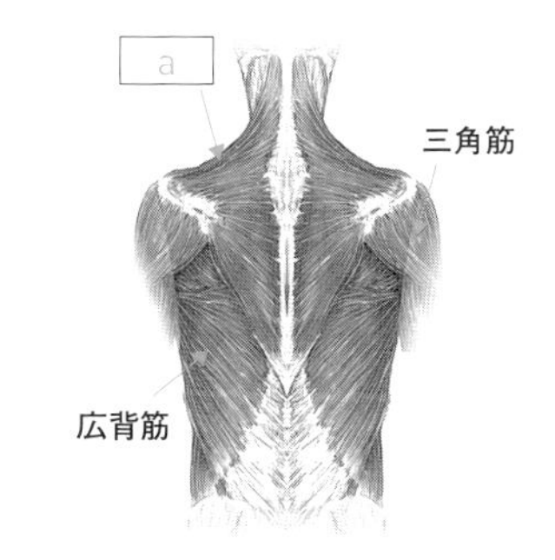

問 28

腸骨筋・大腰筋・小腰筋の総称である［ a ］は、体幹の深層にあり腰椎と大腿骨をつなぎ、股関節を曲げる働きがあります。［ a ］に当てはまる筋肉として適切なものを選びなさい。

(1)　腹直筋

(2)　腸腰筋

(3)　大殿筋

(4)　大腿四頭筋

スポーツ現場での処置

問 29

スポーツ現場のケガ（スポーツ外傷）に対する応急処置として、RICE 処置は欠かせません。RICE とは、4 つの処置の英語の頭文字を並べたものです。これらの処置の英語と日本語の組み合わせとして、適切なものを選びなさい。

（1） Rest — 挙上
（2） Icing — 冷却
（3） Compression — 安静
（4） Elevation — 圧迫

問 30

切り傷や擦り傷などの創傷の処置として適切なものを選びなさい。

（1） 泥で汚れていたが、洗うと痛いので水道水で洗浄しなかった。
（2） 出血を伴う擦り傷は、乾燥させて治すことが推奨される。
（3） 大きく深い創傷だったが、すぐには医療機関での受診はしなかった。
（4） 出血に対する基本処置は圧迫止血である。

頭部・顔面のケガ

問 31

心肺蘇生において 1 分間に行う胸骨圧迫の適切な回数を選びなさい。

（1） 20 − 30 回
（2） 50 − 60 回
（3） 70 − 80 回
（4） 100 − 120 回

問 32

スポーツ競技中の接触プレーで歯が脱けてしまった場合、歯科医院に行くまでの間に抜けた歯を保存する液体として最も適切なものを選びなさい。

（1） 水道水

（2） 牛乳

（3） 炭酸飲料水

（4） 消毒用アルコール

問 33

脳振盪を起こした後の対応として、適切なものを選びなさい。

（1） 意識消失がなければ、そのままプレーを継続して良い。

（2） 子どもの場合は、そのままプレーを継続して良い。。

（3） 24 時間は誰かがそばにつくか、家族に急変への注意を促しておく。

（4） 段階的競技復帰プロトコールでは、競技復帰に 2 日間はかかる。

問 34

脳振盪は、あらゆるスポーツで起こりうる頭部外傷です。脳振盪の症状として適切でないものを選びなさい。

（1） 頭痛

（2） 排尿困難

（3） 嘔吐

（4） めまい

問 35

脳振盪に関する記述として適切なものを選びなさい。

（1） 脳に明らかな出血を認める。

（2） 脳振盪では必ず意識消失の症状が出る。

（3） 頭痛、めまい、バランスが悪いなど様々な症状がある。

（4） 頭部を直接ぶつけた場合にのみ生じる。

問 36

以下の中で、頭部外傷と同時に生じる頻度が最も低い外傷を選びなさい。

（1） 鼻出血

（2） 顔面骨折

（3） 歯牙欠損

（4） 突き指

問 37

頭部外傷に関して、適切でないものを選びなさい。

（1） 脱水があると重症頭部外傷を起こす可能性が高くなる。

（2） 体調不良時、判断力が低下するため、頭部外傷が生じやすくなる。

（3） 頭部外傷後に、意識不明消失が続く。早急な手術が必要になることがあるため、救急車を要請する。

（4） 頚部筋力トレーニングは重要ではない。

問 38

顔面外傷に関する記述として、適切なものを選びなさい。

（1） 顔面骨折をしたサッカー選手では、フェイスガードをしてのプレーが許可されることがある。

（2） 脱落した歯牙は消毒液につけて歯科に持ち運ぶ。

（3） 鼻出血に対しては、首を後ろに反らした状態で止血する。

（4） 角膜損傷では蚊が飛んでいるように見える症状が出る。

脊椎のケガ

問 39

頚髄損傷では、四肢麻痺などの重大な後遺症を残すことがあります。頚髄損傷の発生するリスクが比較的高いスポーツとして適切なものを選びなさい。

（1） ジョギング

（2） ゴルフ

（3） アメリカンフットボール

（4） 卓球

問 40

成長期スポーツ選手の腰痛の原因となる、腰椎の疲労骨折の名称を選びなさい。

(1) 腰椎椎間板ヘルニア

(2) 腰椎圧迫骨折

(3) 腰椎分離症

(4) 腸腰筋肉離れ

問 41

腰椎椎間板ヘルニアで生じる症状として適切でないものを選びなさい。

(1) 腰痛

(2) 下肢の痛み

(3) 上肢のしびれ

(4) 下肢の筋力低下

問 42

腰椎分離症の記述として適切なものを選びなさい。

(1) 初期の腰椎分離症の診断に単純 X 線検査が有用である。

(2) 成長期の腰椎に生じる疲労骨折である。

(3) 初期の段階で手術を行うことが望ましい。

(4) 初期の症状として下肢のしびれが出現する。

問 43

頚髄損傷はさまざまな症状を呈することがあります。頚髄損傷の症状として適切でないものを選びなさい。

(1) 四肢の麻痺

(2) 眼球突出

(3) 排尿障害

(4) 呼吸障害

問 44

頚髄損傷で生じうる症状として適切でないものを選びなさい。

（1） 四肢のしびれ

（2） 首の痛み

（3） 下肢の筋力低下

（4） 皮疹

肩のケガ

問 45

成長期の選手が投球動作で肩を痛がる場合、上腕骨近位の骨端線を損傷している可能性があります。この場合の記述で、適切でないものを選びなさい。

（1） 野球だけでなく、ソフトボールなど投げる動作を伴う様々なスポーツで起こりうる。

（2） 肩の痛みを治すため、投球フォームが改善するまで投げ込む。

（3） 投球の休止あるいは投球数制限などの調整が必要である。

（4） 肩だけの問題ではなく、下肢や体幹の機能にも原因があることが多い。

問 46

肩関節は一度脱臼を起こすと、繰り返し脱臼を生じることがあり、これを反復性肩関節脱臼と呼びます。この原因として図（肩関節を上からみた図）の［ a ］に示す組織が損傷した後に治癒せず、関節が不安定になることが挙げられます。［ a ］の組織の名称を選びなさい。

（1） 肩甲下筋

（2） 棘下筋

（3） 関節唇

（4） 上腕骨

肩関節を上から見た模式図

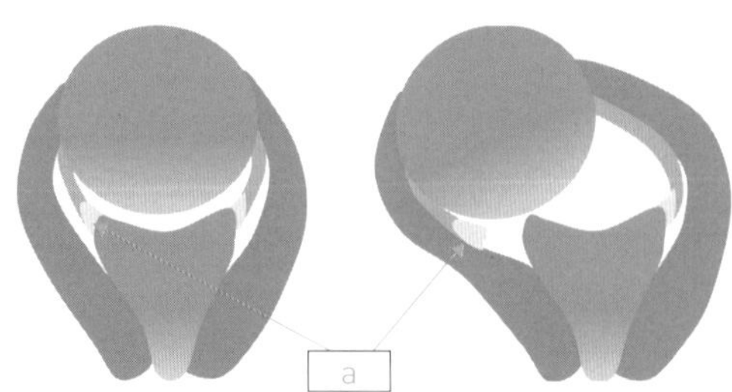

問 47

肩鎖関節脱臼に関する記述として適切なものを選びなさい。

（1） 非コンタクトスポーツで発生しやすい。

（2） 肩甲骨と上腕骨が構成する関節の脱臼のことを指す。

（3） 徒手的に整復が行われる。

（4） 肩鎖関節では鎖骨が浮き上がっているように見える。

問 48

肩関節脱臼に関する記述として適切でないものを選びなさい。

（1） 徒手的に整復すると痛みが軽減する。

（2） 何度も脱臼を繰り返すことがある。

（3） ラグビーでは不安定感のためタックルなどのパフォーマンスが低下する。

（4） テーピングをすることでほぼ再脱臼を予防できる。

問 49

投球障害肩についての記述として、適切なものを選びなさい。

（1） 肩甲骨の動きも重要であり、肩甲帯のアスリハを行う。

（2） 肩関節は基本的には前方タイトネスが生じていることが多い。

（3） アウターマッスルの筋力強化が重要である。

（4） 股関節周囲のアスリハは必要ない。

問 50

リトルリーガーズショルダーに関する記述として適切なものを選びなさい。

（1） 骨端線の障害であるため早期の手術が必要である。

（2） 上腕骨の骨端線が開大している。

（3） 軟式ボールの投球では生じない。

（4） 再発防止に下肢のストレッチは重要でない。

肘・手関節・手指のケガ

問 51

成長期の野球肘に関する記述として、適切なものを選びなさい。

（1） 成長期に起こる野球肘は外側型が多い。

（2） 近年、各地域で野球肘検診が行われるようになってきている。

（3） 進行しても肘の可動域が狭くなることはない。

（4） 外側型野球肘で投球動作を休ませる必要はない。

問 52

テニス肘の原因として手首を反らす動きの繰り返しが挙げられます。テニス肘において、痛みが生じる部位を選びなさい。

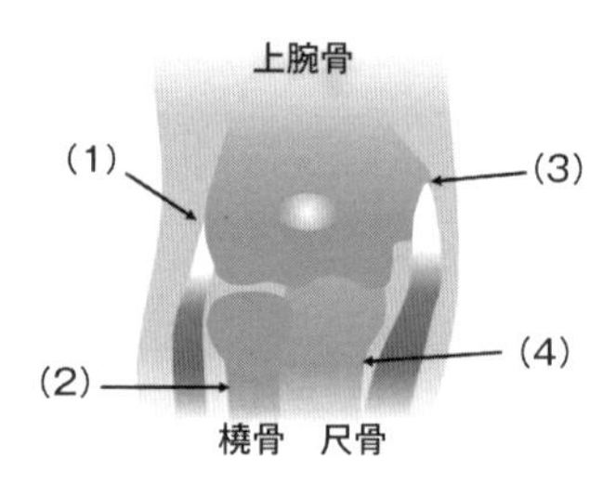

問 53

内側側副靭帯は上腕骨の内上顆と尺骨の鉤上突起を連結している靭帯で、投球動作の繰り返しで損傷することがあります。肘内側側副靭帯の部位として、適切なものを選びなさい。

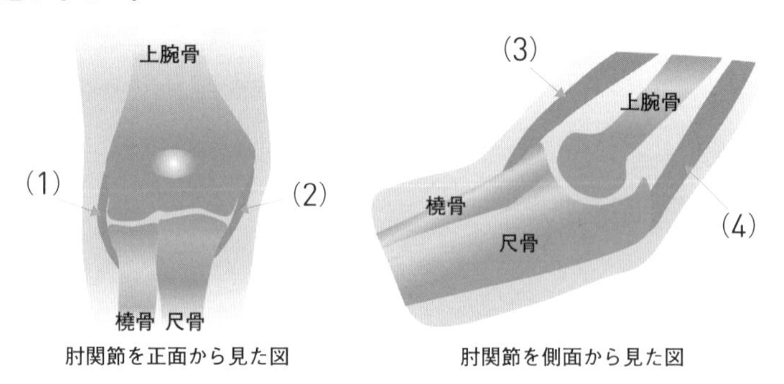

肘関節を正面から見た図　　肘関節を側面から見た図

問 54

テニス肘では手を動かす筋肉が付着する肘外側部分に負担が蓄積して痛みが生じます。テニス肘を起こす関節の動きとして適切なものを選びなさい。

(1) 手関節を反らす
(2) 手関節を曲げる
(3) 肘関節を曲げる
(4) 肘関節を伸ばす

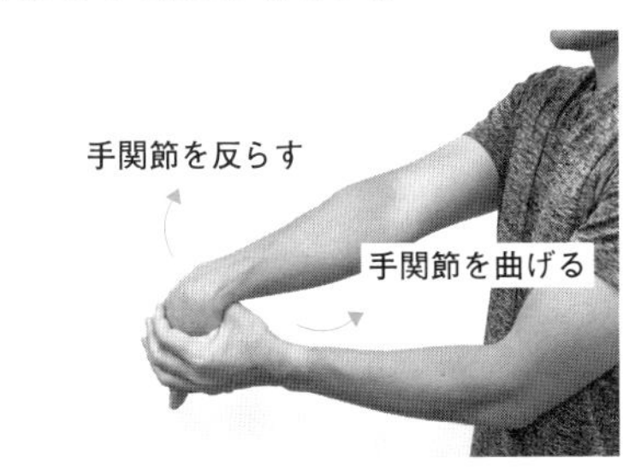

問 55

バスケットボールやバレーボールのように手で直接ボールを扱う球技では手指の外傷が多く発生します。手指の外傷に関する記述として適切なものを選びなさい。

(1) 槌指（マレットフィンガー）では DIP 関節を伸ばせなくなる。
(2) ボクサー骨折では末節骨が骨折する。
(3) 突き指に対して RICE 処置は必要ない。
(4) 指を曲げる屈筋腱が断裂するケガをスキーヤーズサムと呼ぶ。

問 56

投球中のボールリリースからフォロースルーにかけて痛みを訴える野球肘（後方インピジメント）が起きる骨の組み合わせとして適切なものを選びなさい。

(1) 上腕骨 ― 橈骨
(2) 上腕骨 ― 尺骨
(3) 橈骨　 ― 尺骨
(4) 上腕骨 ― 肩甲骨

股関節・膝のケガ

問 57

サッカー選手に多い股関節の痛みは、原因を特定するのが難しいスポーツ障害です。これらの股関節の痛みを総称した名称を選びなさい。

(1) バーナー症候群

(2) グロインペイン症候群

(3) フットボーラーズアンクル

(4) 腸脛靭帯炎

問 58

大腿四頭筋は膝蓋骨、膝蓋腱を介して脛骨粗面に付着します。オスグッド病は成長期の膝に繰り返し負荷が加わり痛みが生じるスポーツ障害です。オスグッド病で痛みが生じる部位とその名称を選びなさい。

(1) a ― 膝蓋腱

(2) b ― 半月板

(3) c ― 脛骨粗面

(4) d ― 膝蓋骨

膝関節を横から見た模式図

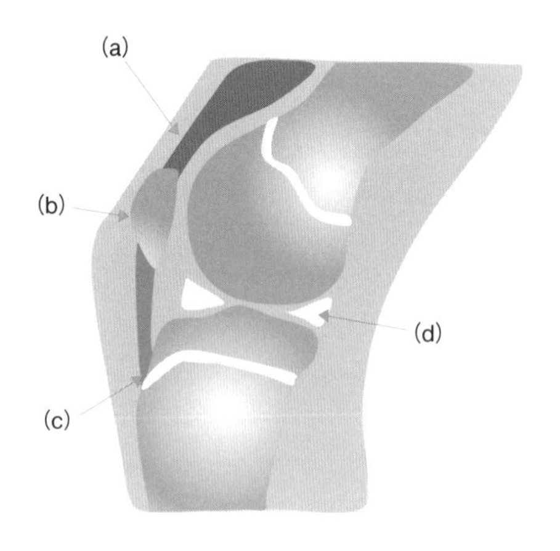

問 59

オスグッド病に関する記述として、適切なものを選びなさい。

(1)　一度の外力で受傷することが多い。
(2)　アスリハとして大腿四頭筋のストレッチが重要である。
(3)　膝蓋骨の端に痛みを生じる。
(4)　早期の手術を行うことが望ましい。

問 60

膝に生じるスポーツ外傷・スポーツ障害に関する記述として、適切なものを選びなさい。

(1)　ジャンパー膝ではランニング動作で痛みが出ることはない。
(2)　オスグッド病では、一度痛みが消失すれば、再発はしない。
(3)　前十字靭帯損傷は一度の外力で生じるスポーツ外傷である。
(4)　膝内側側副靭帯損傷は膝の内側を直接ぶつけて起こることが多い。

問 61

前十字靭帯損傷についての記述として、適切でないものを選びなさい。

(1)　受傷後に膝が腫れることが多い。
(2)　多くの場合、保存治療が選択される。
(3)　ジャンプの着地や踏ん張った際に膝を内側に捻って受傷することが多い。
(4)　切り返し動作やジャンプの着地時に膝がガクンと外れることがある。

問 62

後十字靭帯損傷は膝を地面や床に直接ぶつけて受傷します。膝を前面から見た図の中で、後十字靭帯の部位として適切なものを選びなさい。

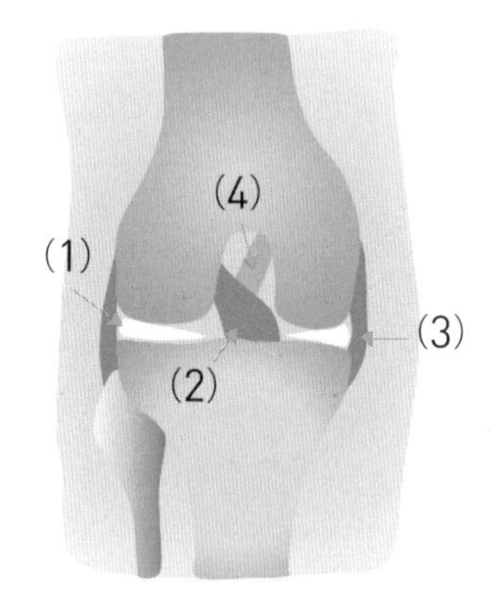

問 63

鵞足炎や腸脛靭帯炎は膝に付着する筋や靭帯の炎症によって痛みが生じるランニング障害です。筋の付着する膝の部位とそこに付着する筋の組み合わせとして適切なものを選びなさい。

(1)　内側 — 半腱様筋
(2)　内側 — 腸脛靭帯
(3)　外側 — 半膜様筋
(4)　外側 — 内側広筋

下腿・足のケガ

問 64

足関節捻挫は最も発生頻度の高いスポーツ外傷の一つです。足関節捻挫の記述として、適切なものを選びさない。

(1)　外がえし捻挫が多い。
(2)　足関節の外側の靭帯より内側の靭帯を損傷することが多い。
(3)　RICE 処置で固定する場合、足の指が動かないよう固定する。
(4)　再発予防に足周囲の筋力トレーニングやバランストレーニングが有効である。

問 65

シンスプリントはランニングやジャンプ着地を行うスポーツ選手で起こりやすいスポーツ障害です。シンスプリントに関する記述として、適切なものを選びなさい。

(1) インソールを使用して足のアーチを補うことが有効である。
(2) 少し休んで痛みが治まればアスリハを行う必要はない。
(3) 痛みの程度で疲労骨折と区別できる。
(4) 早い段階で手術を行うことが望ましい。

問 66

中高年者のランナーで生じることの多い足周囲の痛みについて適切なものを選びなさい。

(1) インソールはアーチの補正のために用いられる。
(2) 足底腱膜炎ではリスフラン関節が炎症を起こす。
(3) 足底腱膜炎では下腿のストレッチを行ってはならない。
(4) アキレス腱炎が生じた場合、早期の手術が必要である。

問 67

アキレス腱断裂に関する記述として適切なものを選びなさい。

(1) 手術を受けた場合、数週間で競技に復帰できる。
(2) 断裂後早期に腱を触ると断裂部位がへこんでいるのが分かる。
(3) 成長期に発生しやすいスポーツ外傷である。
(4) 本人が気付かないうちに徐々に断裂することが多い。

問 68

内がえしの足関節捻挫で損傷することが多い足関節外側靭帯が付着する骨の組み合わせとして適切なものを選びなさい。

(1) 脛骨 — 距骨
(2) 脛骨 — 腓骨
(3) 腓骨 — 距骨
(4) 距骨 — 踵骨

問 69

足周囲のスポーツ外傷・障害と関連の高いスポーツ種目の組み合わせとして適切なものを選びなさい。

(1)　有痛性三角骨　— マラソン

(2)　足底腱膜炎　— 水泳

(3)　中足骨疲労骨折 — 陸上競技

(4)　ジョーンズ骨折 — クラシックバレエ

骨折・肉離れ

問 70

骨折に関する記述として適切なものを選びなさい。

(1)　骨折の典型的な所見として痛みと腫れがある。

(2)　骨折によりずれた骨を戻す操作は物理療法と呼ばれる。

(3)　疲労骨折は一度の外力で受傷するスポーツ外傷に分類される。

(4)　上肢に疲労骨折が生じることはない。

問 71

肉離れに関する記述として適切なものを選びなさい。

(1)　手術が必要になるケースはない。

(2)　スポーツを休む期間は重症度に関係なく 1 週間程度である。

(3)　再発することはない。

(4)　ハムストリングでの発生頻度が高い。

アスリハの基礎知識

問72

打撲や捻挫をした部位では炎症が起こるため、RICE処置が行われます。ケガをした部位の炎症による所見として適切でないものを選びなさい。

(1) 腫れ
(2) 痛み
(3) 熱感
(4) 蒼白

問73

転倒して大腿部を強打した場合、受傷直後から段階的に競技に復帰するためのアスリハとして適切な組み合わせを選びなさい。

(1) 受傷直後 — 患部の筋力強化
(2) 痛みや腫れが強い時期 — テーピングを巻いての競技復帰
(3) 組織が修復された時期 — RICE処置
(4) 組織修復が完了した時期 — 再発予防のアジリティトレーニング

問74

競技への復帰に向けたアスリハにおいて、理学療法士やアスレティックトレーナーが実施するものとして適切でないものを選びなさい。

(1) 物理療法
(2) 注射
(3) 筋力トレーニング
(4) 基本動作トレーニング

問75

スポーツに復帰するためのアスリハについて適切でないものを選びなさい。

(1) アスリハは、スポーツドクターのみが指導できる。
(2) アスリハは、リコンディショニングも含む。
(3) アスリハの主目的はスポーツ活動に早く安全に復帰させることである。
(4) 再受傷の予防も重要な目的である。

問 76

段階的なスポーツ復帰に向けたアスリハにおいて、組織修復が完了した後の主目的として適切なものを選びなさい。

（1） 腫れの軽減
（2） 筋萎縮の予防
（3） 競技動作の確認・修正
（4） 関節運動の改善

問 77

選手がケガをしてから競技復帰までの過程について、①競技復帰、②アスレティックリハビリテーション、③メディカルリハビリテーション、の適切な順番を選びなさい。

（1） ①→②→③
（2） ②→③→①
（3） ③→②→①
（4） ③→①→②

問 78

図のようにうつ伏せで踵がお尻につくように膝を曲げていくと、大腿前面の筋肉が伸ばされてそのタイトネスをチェックすることができます。伸ばされる大腿前面の筋肉を選びなさい。

（1） 大腿二頭筋
（2） 下腿三頭筋
（3） 大殿筋
（4） 大腿四頭筋

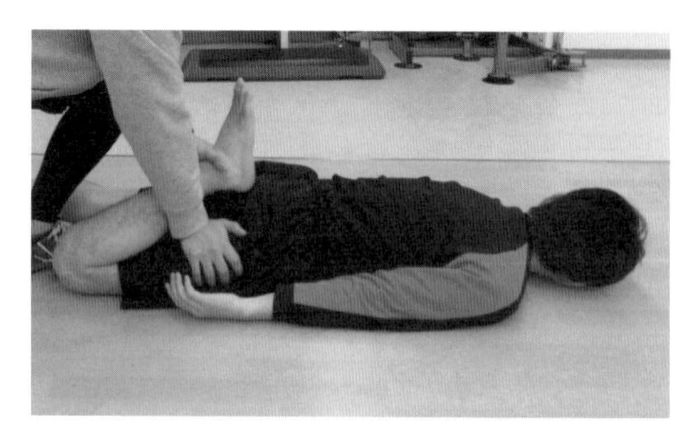

問 79

ストレッチに関する記述として適切でないものを選びなさい。

(1)　ストレッチは筋肉の温度や血流が高まるため、スポーツ活動前のウォームアップとして役立つ。

(2)　動的ストレッチは、競技動作を活かして身体の準備を整える効果が期待できる。

(3)　バリスティックストレッチでは、多少の痛みは我慢しながら反動を利用して関節を動かす。

(4)　ストレッチは練習後に行うことにより、筋肉痛軽減や疲労回復の効果も期待できる。

腰痛に対するアスリハ

問 80

伸展型腰痛になりやすい立ち姿勢の特徴として、適切なものを選びなさい。

(1)　骨盤が過度に前傾している。

(2)　骨盤が後傾している。

(3)　腰椎が過度に前屈している。

(4)　肘が通常より反りやすい。

問 81

腰痛はいくつかのタイプに分けられ、その中に伸展型腰痛があります。次のうち、伸展型腰痛に関する記述として適切なものを選びなさい。

(1)　立ち姿勢で出来るだけ腰を反り、骨盤を前傾させることが有効である。

(2)　腰を反らした時に出現する腰痛のことを指す。

(3)　腰を前屈した時に出現する腰痛のことを指す。

(4)　体幹を反らす背筋トレーニングをたくさん行うことが有効である。

問 82

腰痛の予防や改善のためには腰部に負担をかけない姿勢や動作を習慣にすることが大切です。次のうち、腰痛予防のための姿勢・動作として、適切なものを選びなさい。

(1) 伸展型腰痛ではしっかりと腰を反って座る。

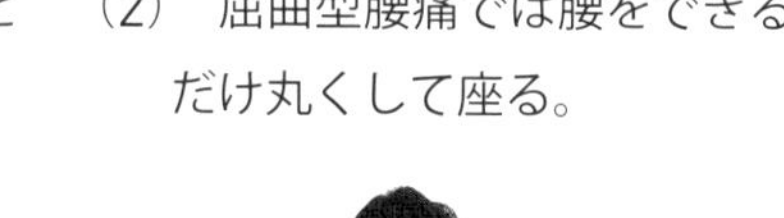

(2) 屈曲型腰痛では腰をできるだけ丸くして座る。

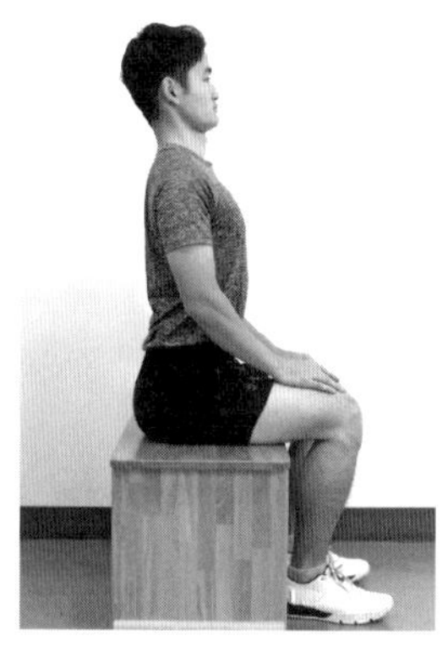

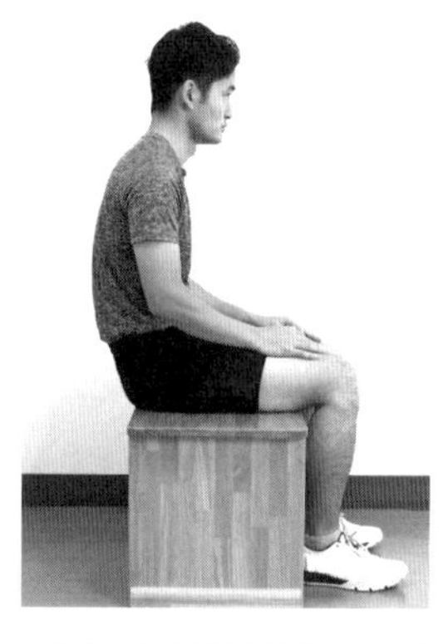

(3) 腰をできるだけ丸くして物を持ち上げる。

(4) 腰をできるだけ真っすぐにして物を持ち上げる。

問83

伸展型腰痛では、大腿四頭筋のタイトネスが腰に負担のかかる原因になります。次のうち、大腿四頭筋のストレッチとして適切なものを選びなさい。

問84

腰を前屈させると痛くなる屈曲型腰痛では、ハムストリングのタイトネスが原因の一つになり生じます。次のうち、主にハムストリングのストレッチとして適切なものを選びなさい。

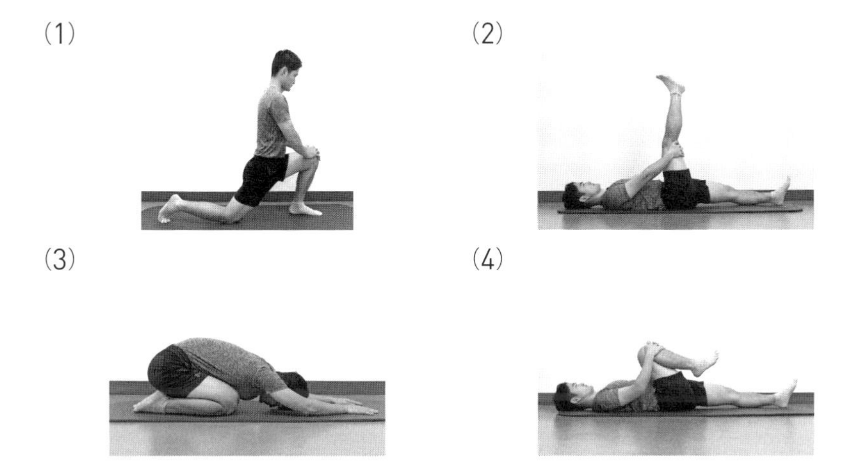

問 85

体幹筋のトレーニングでは腹部と背部の筋肉をバランスよく強化することが重要です。次のうち、体幹筋群の筋力を強化するためのトレーニングとして、適切でないものを選びなさい。

問 86

筋肉は表層にあるアウターマッスルと深層にあるインナーマッスルに分類されることがあり、体幹の安定性を高め腰痛などを予防するためにはこれらをバランスよく強化することが重要です。体幹トレーニングを行っているものとして、適切なものを選びなさい。

問 87

体幹の筋力トレーニングでは腹部と背部の筋肉をバランスよく強化することが重要です。適切な方法で体幹筋を強化していくことでケガの予防やパフォーマンス向上につながります。
次のうち、主に腹筋群の筋力トレーニングとして行われるものを選びなさい。

(1)

(2)

(3)

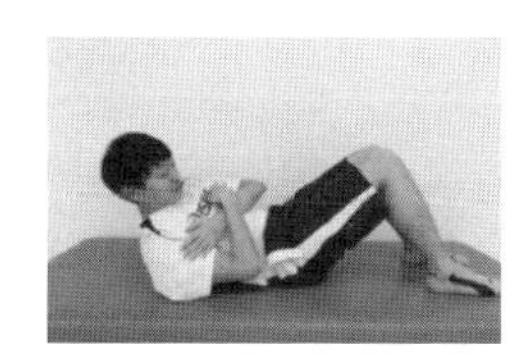

(4)

下肢のアスリハ

問 88

下肢のケガはジャンプ着地中の不良なフォームや使い方が原因になることが多く、アスリハで正しいスクワット動作を繰り返し行い、下肢の使い方を改善することが大切です。適切なスクワットの姿勢を選びなさい。

(1)

(2)

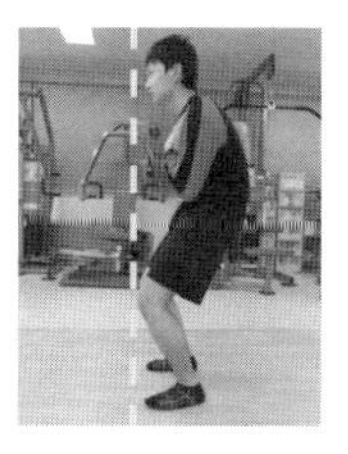

(3)

(4)

問 89

アスレティックリハビリテーションでは、基本的な身体能力を高めるために目的別のエクササイズを行う必要があります。次のうち、エクササイズの目的と写真の方法の組み合わせとして適切なものを選びなさい。

（1）　筋力トレーニング

（2）　基本動作トレーニング

（3）　柔軟性改善のストレッチ

（4）　俊敏性向上トレーニング

問 90

シンスプリントは代表的なランニング障害です。次のうち、シンスプリントへのアスリハに関する記述として、適切でないものを選びなさい。

（1）　足関節を底屈させる筋肉をストレッチする。
（2）　足部周囲だけでなく、股関節周囲や大腿部の筋力も強化する。
（3）　ランニングには股関節の動きも重要であるため、股関節の可動域を広げる。
（4）　ランニング再開時はアスファルトなどできるだけ硬い地面を走る。

問91

膝関節を安定させるために重要な大腿四頭筋の筋力を強化するトレーニングとして、適切なものを選びなさい。

(1)　(2)　(3)　(4)

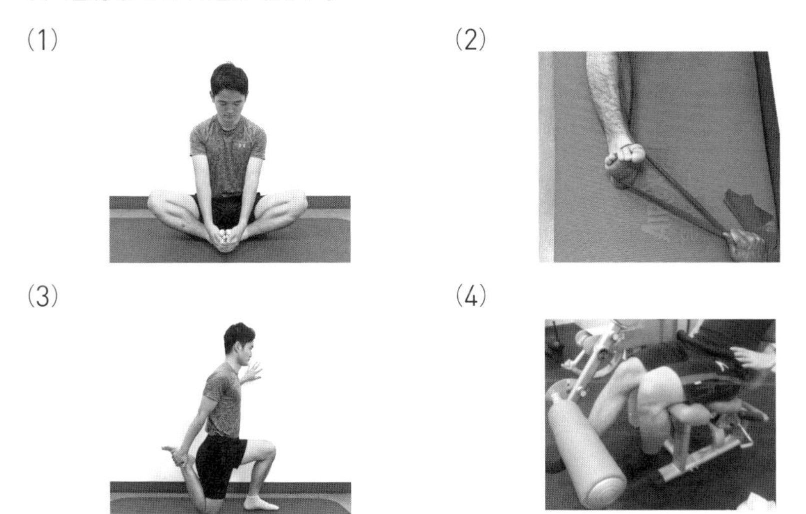

問 92

膝の靱帯損傷などの下肢のスポーツ外傷・障害の再発予防では、スクワットやランジなどの基本動作を正しく習得することが重要です。文章および写真で示したスポーツ基本動作エクササイズとして適切でないものを選びなさい。

(1) 両脚スクワットは、体幹を適度に前傾させ、股関節と膝を十分に曲げ、左右対称な姿勢で行う。

(2) ランジでは、一歩前に出して足に十分に体重をかけるように行う。

(3) 片脚スクワットは、体幹を軸足側に少し傾け、つま先を外側に向けて行う。

(4) 片脚スクワットは、体幹を適度に前傾させ、股関節と膝を曲げて行う。

(1) 両脚スクワット

(2) ランジ

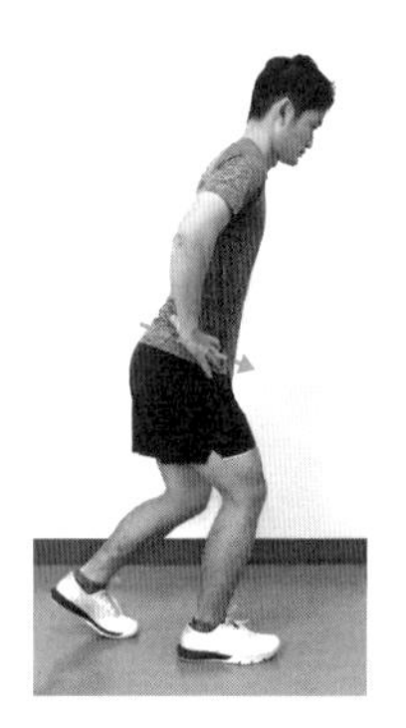

(3) 片脚スクワット

(4) 片脚スクワット

問 93

前十字靭帯膝再建術後において、ハムストリングや大腿四頭筋の筋力強化は重要ですが、再建された靭帯への負荷を考慮することも必要です。前十字靭帯再建術後において、座位での大腿四頭筋筋力強化（レッグエクステンション）を実施する際に注意が必要となる理由を選びなさい。

(1) 大腿四頭筋に力を入れることで、脛骨が前方に引っ張られるため。
(2) 大腿四頭筋に力を入れることで、脛骨が後方に引っ張られるため。
(3) 大腿四頭筋に力を入れることで、腓骨が前方に引っ張られるため。
(4) 大腿四頭筋に力を入れることで、腓骨が後方に引っ張られるため。

上肢のアスリハ

問 94

肩のインナーマッスルのトレーニングとして、最も適切なものを選びなさい。

競技別のアスリハ

問 95

肩関節脱臼や投球障害へのアスリハでは、肩のインナーマッスルを強化することが重要です。次のうち、肩のインナーマッスルの筋力トレーニングとして適切でないものを選びなさい。

問 96

投球障害肩や野球肘の予防や改善には不良な投球動作やタイトネスを修正することが重要です。投球動作として適切なものを選びなさい。

(1)　投球中に肘が過度に下がる
(2)　投球中に肘が下がらない
(3)　体の開くタイミングが早すぎる
(4)　股関節や体幹が十分に回旋しない

問 97

野球選手に多いスポーツ外傷・障害と予防エクササイズの組み合わせとして適切でないものを選びなさい。

(1)　肩インピンジメント症候群 — 肩（インナーマッスル）の筋力トレーニング
(2)　腱板損傷 — 肩（インナーマッスル）の筋力トレーニング
(3)　腰椎分離症 — 体幹の安定性を高める筋力トレーニング
(4)　肘内側側副靭帯損傷 —「肘下がり」フォームでの投球練習

問 98

バスケットボール選手に多いスポーツ外傷・障害と予防エクササイズの組み合わせとして適切でないものを選びなさい。

(1)　足関節捻挫 — バランストレーニング
(2)　膝前十字靭帯損傷 — 股関節や体幹の筋力トレーニング
(3)　ジャンパー膝 — 膝蓋骨のモビライゼーションや大腿四頭筋のストレッチ
(4)　半月板損傷 — うさぎ跳びトレーニング

問 99

サッカー選手に生じることが多い、第5中足骨基部の疲労骨折（ジョーンズ骨折）の予防法として、最も適切なものを選びなさい。

(1)　練習中は足趾を使わないように心がける
(2)　上腕二頭筋の筋力トレーニング
(3)　足の内側と外側にバランスよく体重をかける練習
(4)　長時間のランニングは硬いグラウンドでスパイクを履いて行う

問 100

サッカー選手で生じやすい大腿直筋肉離れの急性期における応急処置として最も適切なものを選びなさい。

(1) 出血を最小限にするために膝最大屈曲位でアイシングと圧迫固定を行う。

(2) 拘縮の進行を防ぐために直ちに大腿直筋をストレッチする。

(3) 炎症を最小限にするために下肢を挙上して RICE 処置を行う。

(4) 拘縮を防ぐために直ちにホットパックか入浴で温める。

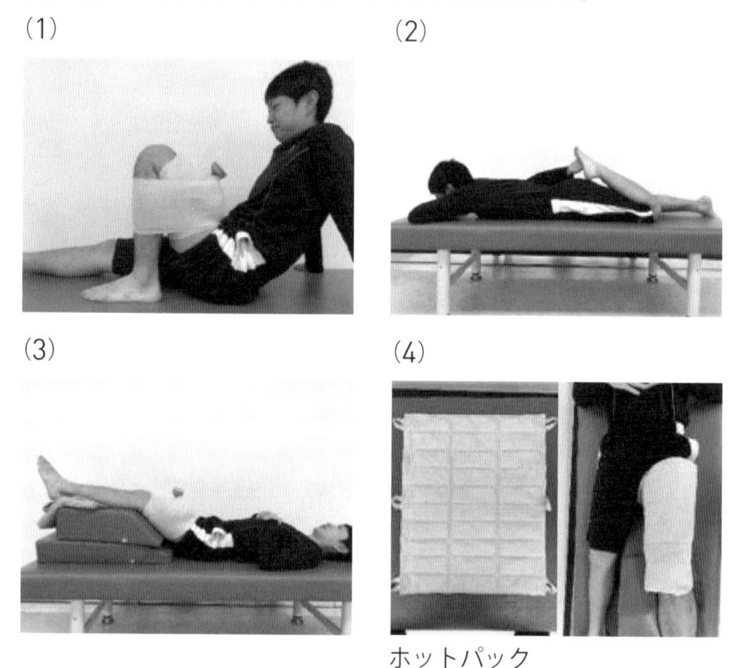

ホットパック

問 101

サッカー選手で生じやすい外傷・障害の対応や予防エクササイズに関する記述および写真として適切でないものを選びなさい。

(1) 鼠径部痛（グロインペイン）の予防には股関節のストレッチが重要である。

(2) オスグッド病は脛骨前面の骨の痛みなので、写真のようなストレッチは控える。

(3) ジョーンズ骨折は足の外側での着地を繰り返して生じるので、正しい接地の仕方を練習する。

(4) 大腿直筋肉離れでは炎症を最小限にするために下肢挙上位でRICE処置を行う。

(1)

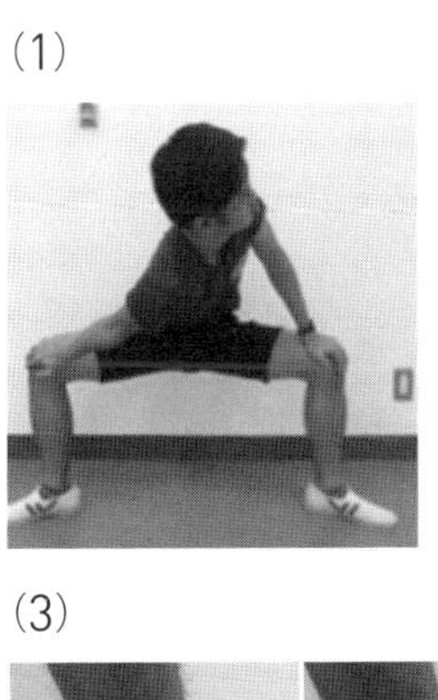

(2)

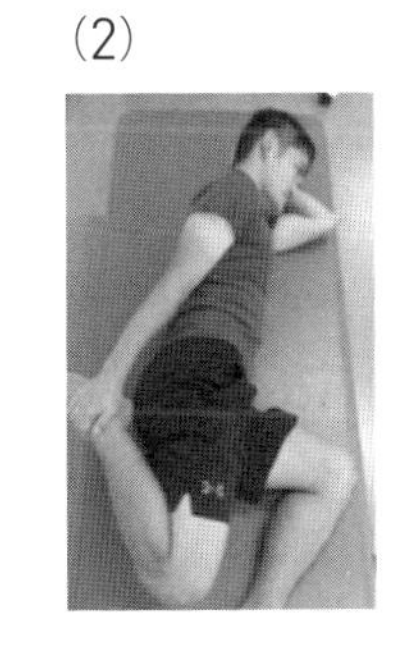

(3)

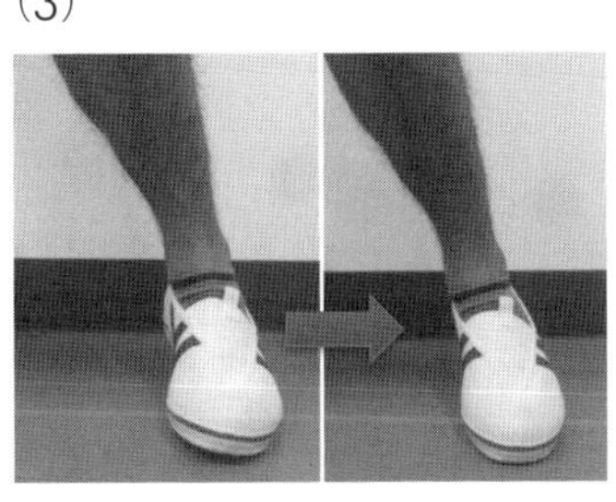

(4)

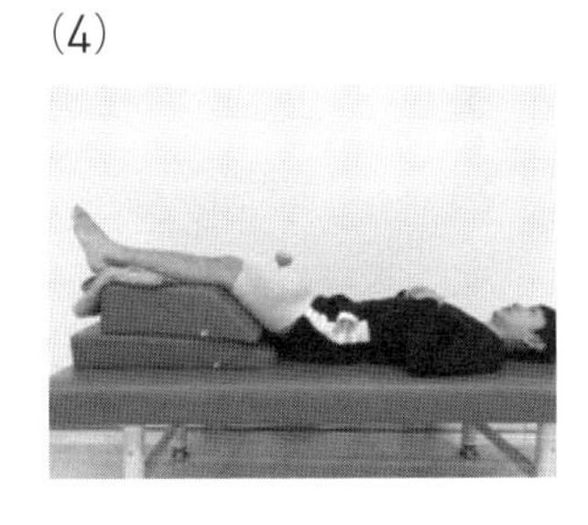

問 102

ラグビーではタックルやスクラムなど激しいコンタクトプレーが求められ、頭頸部のスポーツ外傷が多く発生します。次のうち、それぞれのスポーツ外傷への対応として適切なものを選びなさい。

（1） 頭部を打撲してふらついている場合、頭から水をかけてすぐにプレーに戻す。

（2） 頭部を打撲して嘔吐を繰り返している場合、嘔吐が落ち着いてからプレーに戻す。

（3） 頭部を打撲して倒れたのち呼びかけても反応が戻らない場合、救急を要請する。

（4） 頸椎の損傷が疑われる場合、早急に上体を起こしてグランド外に移動させる。

問 103

陸上競技の短距離走などで発生しやすいハムストリングの肉離れの予防として、適切でないものを選びなさい。

（1） ハムストリングのストレッチ

（2） 大胸筋の筋力トレーニング

（3） 体幹トレーニング

（4） 股関節周囲筋のストレッチ

問 104

陸上競技やバスケットボールなどのランニングやジャンプ着地を要するスポーツで発生しやすいシンスプリントを予防するためのアドバイスとして、適切でないものを選びなさい。

（1） 靴底（ソール）が薄いシューズへの変更

（2） 足趾を曲げる筋肉のストレッチ

（3） 股関節外転筋の筋力トレーニング

（4） 膝が内側に入る走り方の修正

問 105

中高生の陸上競技選手に生じやすいシンスプリントに関する記述として適切でないものを選びなさい。

（1） 脛骨疲労骨折のことである。
（2） 扁平足や、膝が過度に内側に入る動作を修正することが重要である。
（3） ふくらはぎのストレッチが予防に重要である。
（4） 下腿内側の中下 1/3 に痛みを訴えた場合、この障害を疑う。

テーピング・サポーター・杖

問 106

スポーツ外傷・障害の受傷部位の保護や再受傷予防のために装具やサポーター、テーピングを用いることがあります。次の記述のうち、適切なものを選びなさい。

（1） テーピングによって血行障害が生じることはない。
（2） サポーターは 1 回使用すると次に使うことができない。
（3） サポーターは一般的に装具よりも固定力が高い。
（4） 装具は競技ルールによっては試合で使用できないものがある。

問 107

スポーツ障害に用いるテーピングに関する記述として、適切なものを選びなさい。

（1） テーピングは直射日光の当たらない場所で保管する。
（2） 固定性が弱まるため、アンダーラップを巻いてはならない。
（3） 足関節捻挫では足の指まで固定する。
（4） テーピングの効果は約 5 日間保たれるため、試合後も外さない。

問 108

松葉杖の調整・使用法として適切でないものを選びなさい。

（1） 脇あては脇に完全に密着させる。
（2） グリップは大腿外側の隆起している骨（大転子）の高さにする。
（3） 松葉杖の接地部は足幅より少し開いて床につく。
（4） 杖を支える肘は 15°ほど軽く屈曲する。

スポーツと栄養

問 109

スポーツ選手にとって栄養は、トレーニングによる身体作り、パフォーマンス発揮、障害予防のために大切です。バランス良く摂取することが推奨されている「三大栄養素」に含まれるものを選びなさい。

(1)　ビタミンB

(2)　ミネラル

(3)　タンパク質

(4)　ビタミンC

女性とスポーツ

問 110

利用可能エネルギー不足、無月経と並び、「女性アスリートの三主徴」として適切なものを選びなさい

(1)　肥満

(2)　骨粗鬆症

(3)　貧血

(4)　筋力不足

問 111

女性アスリートに関する記述として適切でないものを選びなさい。

(1)　健康管理上の問題点として、骨粗鬆症・運動性無月経・摂食障害があり、これらを「女性アスリートの三主徴」という。

(2)　骨粗鬆症とは骨量が減少し、骨がもろくなり骨折しやすくなった状態をいう。

(3)　無月経が続くと疲労骨折のリスクが高くなる。

(4)　思春期前では、運動のパフォーマンスに男女差はあまりない。

成長期のスポーツ

問 112

骨に関する記述として適切なものを選びなさい。

(1) 成長期の骨は、骨端線で長くなる。

(2) 骨の細胞は、生まれた時から一生変わることはない。

(3) 成長速度のピークは女子より男子で早い。

(4) 成長期に生じる骨端症では、骨の中心部分である骨幹部に痛みが生じる。

問 113

成長期の骨は、骨を覆う骨膜の部分で太くなり、[a]で長くなる。[a]に入る語句を選びなさい。

(1) 骨端部

(2) 骨端線

(3) 骨幹部

(4) 関節軟骨

障害者とスポーツ

問 114

近年注目を浴びる障がい者スポーツについて、適切な記述を選びなさい。

(1) 聴覚障がい者の競技大会としてデフリンピックがある。

(2) パラリンピックは車いすを使用する競技を行う大会である。

(3) 障がい者スポーツでドーピング検査が行われることはない。

(4) 障がいの程度に関わらず競い合う。

問 115

障がい者スポーツとは、生まれつきあるいは病気や事故などで障がいをもつ人が行うスポーツのことです。障がいの種類として身体障がいに含まれないものを選びなさい。

(1) 肢体不自由

(2) 視覚障がい

(3) 内部障がい

(4) 知的障がい

問 116

障がい者スポーツに関する記述として適切でないものを選びなさい。

(1) ボッチャ、サウンドテーブルテニスなど、障がい者のために独自に考案されたスポーツがある。

(2) 車いすバスケットボールや車いすラグビーなどでは、競技ごとに異なる車いすが使用される。

(3) 車いすテニスは、健常者のテニスと同じルールで行われている。

(4) 同程度の障がいを持つ選手同士で競技ができるよう、クラス分けが行われている。

中高年者とスポーツ

問 117

中高年以降では、メタボリックシンドローム（メタボ）とロコモティブシンドローム（ロコモ）になる人の割合が増えてきます。メタボに関係する語句として、最も適切なものを選びなさい。

(1) 移動能力の低下

(2) 骨粗鬆症

(3) 変形性関節症

(4) 動脈硬化

問 118

中高年以降では、ロコモティブシンドローム（ロコモ）が問題となります。ロコモに最も関係するものを選びなさい。

(1)　肥満

(2)　移動能力の低下

(3)　栄養不良

(4)　動脈硬化

問 119

中高年の身体の変化についての記述として適切なものを選びなさい。

(1)　持久力や瞬発力は低下するが、バランス能力はあまり変化しない。

(2)　骨量の減少は特に女性において顕著である。

(3)　高齢になると靭帯や腱などの組織の柔軟性は高まる。

(4)　ロコモティブシンドロームは、男性で腹囲が 85 ㎝以上の場合を指す。

スポーツと全身・熱中症

問 120

熱中症の予防には水分のみでなく、塩分の補給が重要です。熱中症の症状として、関連性が最も低いものを選びなさい。

(1)　頭痛

(2)　こむら返り

(3)　膝の腫れ

(4)　吐き気

問 121

スポーツ活動中の全身の状態に関して、適切でない記述を選びなさい。

(1)　喘息はアレルギーなどが主な原因だが、寒い時期の運動が刺激となることもある。

(2)　普段に症状がなければ、致死的な不整脈が生じることはない。

(3)　熱中症で意識障害があるときは、救急要請を行う。

(4)　熱中症者の身体を冷却する場合、大きな血管が通る部位を冷やす。

問 122

熱中症に関する記述として適切なものを選びなさい。

(1)　気温だけでなく湿度も考慮した熱中症予防の温度指標は WBGT と呼ばれる。

(2)　体温が 40℃を超えた場合を熱中症と呼ぶ。

(3)　帽子をかぶると熱がこもるため、夏の着用は勧められない。

(4)　熱中症が 5 月に生じることはない。

問 123

熱中症の対応・予防策として、適切でないものを選びなさい。

(1)　意識障害がある場合、救急要請をする。

(2)　意識障害はないが、自力で水分が摂取できない場合、医療機関を受診させる。

(3)　水分・塩分を自力で摂取でき状態が改善している場合、経過観察とする。

(4)　WBGT が 33℃だったので、適宜水分を補給し運動を行った。

問 124

運動時の適切な水分補給に関する記述として適切でないものを選びなさい。

(1)　運動時に適切に水分を補給しないと脱水状態となり、熱中症を引き起こす。

(2)　汗にはナトリウム（塩分）が含まれており、大量の発汗により塩分が損失するとけいれんを起こすことがある。

(3)　ヒトの身体の約 30%は水分である。

(4)　運動中にはスポーツドリンクなどの摂取が望ましい。

問 125

アレルギーなどにより気道が過敏となり生じる気管支喘息の症状として適切でないものを選びなさい。

(1)　咳

(2)　喘鳴

(3)　呼吸困難

(4)　発熱

問 126

全身の状態に関する記述として適切なものを選びなさい。

(1)　日光の赤外線により日焼けのほか、皮膚がんが引き起こされる。

(2)　気管支喘息の発作にはペーパーバック法が有効である。

(3)　オーバートレーニング症候群では、吸入ステロイドが行われる。

(4)　コンタクトスポーツでは皮膚感染症を他人にうつすことがある。

遠征・帯同、アンチ・ドーピング

問 127

日本アンチ・ドーピング機構が認定する資格で、最新のドーピング防止規則に関する正確な知識を持ち、正しい薬の使い方の指導を行い、ドーピングを防止することを主な活動としている薬剤師の名称を選びなさい。

(1)　スポーツファーマシスト

(2)　スポーツライター

(3)　スポーツデンティスト

(4)　スポーツジャーナリスト

問 128

遠征に関する記述として適切でないものを選びなさい。

(1)　手洗い・うがい・マスクの使用を推奨する。

(2)　メディカルバッグを準備しておく。

(3)　海外遠征の際は、現地で流行している感染症の情報を集めておく。

(4)　海外ではできるだけ生水を摂取する。

問 129

ドーピング禁止物質が風邪薬や漢方薬に含まれている可能性があるかどうか、適切な記述を選びなさい。

(1)　風邪薬にのみ含まれている可能性がある。

(2)　漢方薬にのみ含まれている可能性がある。

(3)　どちらにも含まれている可能性はない。

(4)　どちらにも含まれている可能性がある。

問 130

メディカルスタッフとしての試合前後のサポートに関する記述として適切なものを選びなさい。

(1)　試合開始 30 分前に空腹を訴える選手に対して、ハンバーガーを食べるようアドバイスした。

(2)　試合前日に捻挫を起こした選手がいたが、歩行可能なレベルだったのでコーチングスタッフには報告しなかった。

(3)　試合当日に脳振盪で途中退場した選手を翌日の試合から欠場させた。

(4)　ドーピング検査の可能性を考慮して大会 1 週間前に選手の投薬状況などを確認した。

問131 ケーススタディ **Aさん、競技：サッカー（17歳・男性）**

Aさんは練習中、相手の選手と接触して右の額を3センチほど切って出血しました。メディカルスタッフはおらず、マネージャーのBさんがAさんのケアに当たることになりました。Bさんの行動として、適切でないものを選びなさい。

（1） 脳振盪の可能性があると考え、Aさんの意識状態を確認した。
（2） 水道水で洗うと雑菌が入ると考え、泥はそのままにした。
（3） 救急箱に入っていたゴム製の手袋をして、ガーゼで傷口を圧迫した。
（4） 圧迫を外すとじわじわと出血が続くため、医療機関に連れて行った。

問132 ケーススタディ **Cさん、競技：マラソン（50歳・女性）**

ハーフマラソンの大会に参加していたCさんが、15 kmの給水地点の手前で急にうずくまってそのまま倒れこんでしまいました。それを目にしたボランティアスタッフのDさんが最初にやるべきこととして適切なものを選びなさい。

（1） Cさんに近寄って呼びかけて、意識の有無を確認する。
（2） Cさんの意識は確認せず、口の中に手を入れて舌根の沈下を確認する。
（3） Cさんの意識は確認せず、人工呼吸を開始する。
（4） Cさんに水を渡すため、給水地点に水を取りに行く。

問133 ケーススタディ **Dさん、競技：マラソン（32歳・男性）**

フルマラソンを走っていたDさんが、30 km地点で突然倒れました。ボランティアスタッフとして参加していたEさんが、Dさんに近付き声をかけましたが反応がなく、呼吸も停止していました。Eさんは人を集め、救急車を呼ぶこと、AEDを持ってくることを指示しつつ、胸骨圧迫を開始しました。胸骨圧迫の方法として適切でないものを選びなさい。

（1） Dさんが通常の呼吸に戻ったので胸骨圧迫を中止した。
（2） 胸骨の下半分を圧迫した。
（3） 1分間に20回程度のテンポで圧迫した。
（4） 胸が約5 cm程度沈むように圧迫した。

問 134　ケーススタディ　**Fさん、競技：サッカー（18歳・男性）**

勝利すれば全国大会出場が決まる地区大会の決勝戦の前半のセットプレーで、Fさんが相手選手と接触して頭を打ち、その後から頭痛、めまい、吐き気がしているとハーフタイムに指導者に申告しました。指導者の対応として最も適切なものを選びなさい。

(1)　脳振盪とは考えにくく、ハーフタイムで症状が軽快すれば後半も出場させる。
(2)　脳振盪が疑われるが、意識消失はなかったので後半も出場させる。
(3)　脳振盪が疑われるので、後半は出場させない。
(4)　脳振盪が疑われるが、本人が強く出場を希望したので後半も出場させる。

問 135　ケーススタディ　**Gさん、競技：ラグビー（21歳・男性）**

夏合宿中の練習試合でタックルに行った際、相手の膝で頭部を強打してピッチに倒れました。アスレティックトレーナーのHさんがGさんに駆け寄った時点で意識はありましたが、Hさんがチェックをしているうちに徐々にGさんの意識状態が悪化して呼びかけにも反応しなくなりました。トレーナーのHさんの対応として最も適切なものを選びなさい。

(1)　心臓震盪と考え、直ちに胸骨圧迫を行う。
(2)　急性硬膜下血腫が疑われるため、直ちに救急要請を行う。
(3)　脳振盪が疑われるので、立ち上がらせてバランスチェックを行う。
(4)　熱中症と考え、涼しいところでしばらく経過をみる。

問 136　ケーススタディ　**Iさん、競技：ハンドボール（16歳・女性）**

ハンドボールの試合中、シュートブロックに入ったIさんの頭に相手選手の膝がぶつかり、Iさんは地面に倒れました。その後すぐに立ち上がりましたが、足元がふらついていました。チームにドクターやアスレティックトレーナーはいない状況で、監督のJさんの行動として適切でないものを選びなさい。

(1)　脳振盪が疑われたが、Iさんがプレーの継続を強く希望したので、継続させた。
(2)　脳振盪の疑いがあるので、プレーを中止させコートの外に退場させた。
(3)　脳振盪の疑いがあるので、マネージャーと一緒に医療機関を受診させた。
(4)　バランステストを行い、脳振盪の疑いがないかを確認した。

問 137 ケーススタディ

ある中学校のサッカー部は、平日に約3時間、土日は朝から夕方まで練習を行っており、練習に休みの日はありません。最近、腰痛を訴えて練習ができない選手が増えています。指導者の対処方法として、適切でないものを選びなさい。

(1) 練習量、練習メニュー、グラウンド状況などの環境面、睡眠・食事などの生活面に原因がないかチェックする。

(2) 腰痛のある選手を医療機関に受診させる。

(3) ストレッチやクールダウンができているかチェックし、適切なアドバイスを専門家からもらう。

(4) 腰痛で練習を休むのは気持ちの弱さが原因であり、背中を反らす背筋のトレーニングを1日200回追加する。

問 138 ケーススタディ **Kさん、競技：柔道（22歳・男性）**

柔道の試合中、Kさんは相手選手に投げられた際、うまく受け身が取れずたたみに顔をぶつけて頚椎を後方に反らされて痛めました。大会の救護スタッフとして参加していたLさんが駆け寄った際、Kさんの意識ははっきりしており、呼吸も安定していましたが、手足の力が入らず自分で動かすことができませんでした。Lさんの対応として適切なものを選びなさい。

(1) 頚椎の外傷を確認するため、Kさんに自分で首を大きく動かすように指示した。

(2) 救護室に連れて行くために、Kさんを一人で背負って運んだ。

(3) 首が動かないように、安全に頚椎カラーを装着し、救急要請した。

(4) すぐに胸骨圧迫を開始した。

問 139　ケーススタディ　**Mさん、競技：水泳（22歳・男性）**

水泳の練習をしていたMさんが突然腰痛を自覚し、その後に右側の殿部から下肢の痛みとしびれが出現しました。医療機関を受診したMさんは、単純X線検査とMRI検査で腰椎椎間板ヘルニアの診断を受けました。Mさんへの指示として適切でないものを選びなさい。

（1）　椎間板にかかる負荷を減らすため、長時間の中腰や椅子に座る姿勢は避ける。

（2）　腰部の安静を図るため、軟性コルセットを装着する。

（3）　再発予防のために、下肢や体幹の柔軟性を高めるストレッチをする。

（4）　症状がひどい時期から体幹トレーニングを積極的に行う。

問 140　ケーススタディ　**Nさん、競技：柔道（26歳・男性）**

練習中に投げ技を受けたNさんが、右手をついて転倒したところ、右肘関節を激痛のため動かせなくなりました。すぐに医療機関へ行き、肘関節脱臼の診断で整復術を受けた後、数週間のシーネ（副木）による固定と安静を指示されました。Oさんの対応として、最も適切なものを選びなさい。

（1）　翌日の練習はシーネを外して参加し、練習後はシーネ固定で安静にした。

（2）　翌日の練習はシーネをつけて参加し、数週間は固定を続けた。

（3）　数週間はシーネ固定をして練習には参加せず、シーネを外した後は復帰に向けたリハビリテーションを行った。

（4）　数週間はシーネ固定をして練習には参加せず、その間は肩と手の指も動かさないようにしていた。

問 141　ケーススタディ　**O さん、競技：野球（14 歳・男性）**

中学で野球をやっている O さんは、半年前から右肘の外側に痛みがあり、全力投球ができないと感じていました。先日、チームで参加した野球肘検診の超音波検査で肘の外側に異常を指摘され、医療機関での二次検診を勧められました。O さんの症状から最も考えられるケガの名前を選びなさい。

(1)　肘内側側副靭帯損傷
(2)　テニス肘
(3)　上腕骨小頭離断性骨軟骨炎
(4)　リトルリーガーズショルダー

問 142　ケーススタディ　**P さん、競技：テニス（45 歳・女性）**

1 年前から趣味でテニスを始めた P さんは、最近バックハンドの練習を多くするようになりました。

1 か月前から肘の外側が痛くなり、ものを握るとき、手首を反らすときに強い痛みを感じるようになりました。病院を受診したところテニス肘と説明されました。テニス肘の別名として適切なものを選びなさい。

(1)　上腕骨外側上顆炎
(2)　マレットフィンガー
(3)　TFCC 損傷
(4)　腱板損傷

問 143　ケーススタディ　**Q さん、競技：バレーボール（45 歳・女性）**

バレーボールの試合中に、相手選手がアタックしたボールを F さんがレシーブした際に、右示指にボールが当たって突き指をして DIP 関節を伸ばすことができない状態となりました。Q さんのその後の対応として適切なものを選びなさい。

(1)　患部の可動域を改善するためにすぐにマッサージをした。
(2)　病院に行くと来週の試合には出ないように指示されてしまうかもしれないので、医療機関を受診しなかった。
(3)　患部の安静を保つために固定をした。
(4)　血流を改善するためにすぐに入浴して患部を十分に温めた。

問 144　ケーススタディ　**Rさん、競技：ハンドボール（16歳・女性）**

試合でジャンプ着地の際に右膝を捻ったRさんは、医療機関で検査を受け、前十字靭帯損傷と診断され、再建手術を受けました。Rさんに勧められる術前後のアスリハについて、適切でないものを選びなさい。

（1）　手術前から痛みのない範囲で膝周囲の筋力トレーニングと膝の屈伸運動を行っておく。

（2）　手術直後はアイシングなどで炎症を抑える。

（3）　手術後1か月でジャンプやステップなどの動作トレーニングを開始する。

（4）　手術後3～4か月で医師や理学療法士の指示に従ってジョギングを開始する。

問 145　ケーススタディ　**Sさん、競技：サッカー（13歳・男性）**

小さいころからサッカーをやっているSさんは、中学校に入学してから身長が急激に伸びました。最近、サッカーの練習後に下図の矢印に示す脛骨粗面の痛みが出現しました。Sさんの症状から最も考えられるスポーツ障害の名前を選びなさい。

（1）　シンスプリント

（2）　ジョーンズ骨折

（3）　オスグッド病

（4）　フットボーラーズアンクル

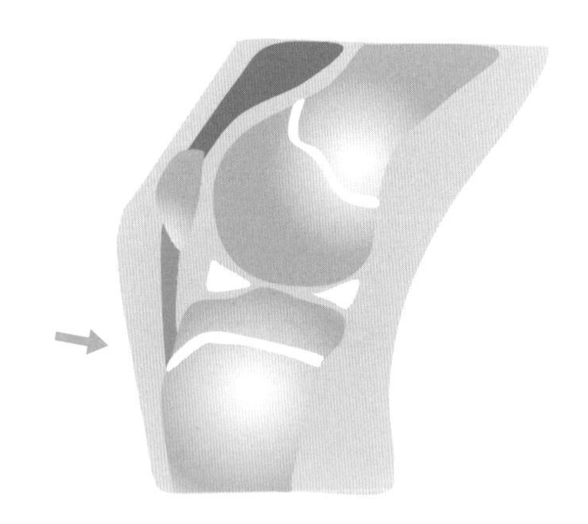

問 146　ケーススタディ　**T さん、競技：水泳（14 歳・男性）**

1 か月前から腰痛を感じていた T さんは、朝の起床時や体幹の前屈時に痛みが出るようになり、徐々に殿部や下肢にも痛みが広がるようになりました。医師からは「腰椎椎間板ヘルニア」との診断を受け、数か月の安静を指示されました。この時期のリハビリテーションの方法や考え方として適切なものを選びなさい。

(1)　腰椎椎間板ヘルニアは手術で摘出しなければ治らないので早めの手術を希望した。

(2)　水中では腰への負担は少ないはずなので、水泳の練習は控える必要はないと考えた。

(3)　軟性のコルセットを装着し安静を保ちながらも、体幹のトレーニングは重要だと考え、無理のないトレーニングから行うようにした。

(4)　下肢や肩甲骨の運動やストレッチも行うように指示されたが、腰とは関係ないので重点的には行わなかった。

問 147　ケーススタディ　**U さん、競技：バレーボール（45 歳・女性）**

試合中にネット際で相手の足を踏んで右足関節を捻挫した U さんは、歩行困難となり両脇を抱えられベンチに退きました。U さんに対する現場での初期対応として、最も適切なものを選びなさい。

(1)　少し休んでから、患部の処置はせずプレーに戻る。

(2)　患部をよく引っ張ったのち、ベンチで安静にする。

(3)　患部をお湯で温め、ベンチで安静にする。

(4)　患部を氷嚢で冷却し、少し挙上してベンチで安静にする。

問 148　**ケーススタディ　Vさん、競技：バレーボール（39歳・女性）**

3か月前からママさんバレーを始めたVさんは、2週間前から下図の矢印で示した足首の後方で踵の少し上側に痛みを感じるようになりました。最初はジャンプした時だけの痛みでしたが、徐々に歩行時にも痛みを感じるようになりました。Vさんの症状から最も考えられるスポーツ障害の名前を選びなさい。

（1）　足底腱膜炎
（2）　シンスプリント
（3）　アキレス腱炎
（4）　ジャンパー膝

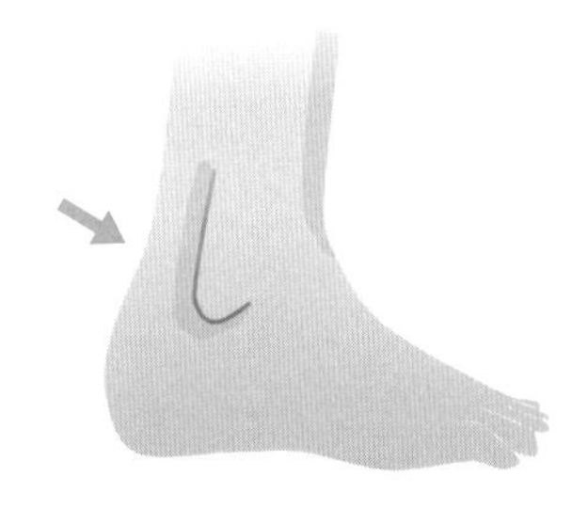

問 149　**ケーススタディ　Wさん、競技：剣道（16歳・男性）**

高校の剣道部に所属しているWさんは、半年くらい前から、踏み込み時に右足外側の違和感を自覚していました。1週間前からその症状が悪化して痛くなり、整形外科を受診して単純X線検査を受け、「第5中足骨の疲労骨折」と診断されました。サッカー選手にもよくみられるこの疲労骨折のことを何と呼ぶか、適切なものを選びなさい。

（1）　腰椎分離症
（2）　フットボーラーズアンクル
（3）　リスフラン関節脱臼骨折
（4）　ジョーンズ骨折

問 150　**ケーススタディ　Xさん、競技：陸上短距離（17歳・男性）**

200 m走のレース中、ゴール直前に大腿の後面に痛みを感じ、なんとかゴールしたものの、その後走ることができなくなってしまいました。Xさんの症状から考えられるケガの名前を選びなさい。

（1）　大腿四頭筋の肉離れ
（2）　大腿四頭筋の筋挫傷
（3）　ハムストリングの肉離れ
（4）　ハムストリングの筋挫傷

問 151　ケーススタディ　**Y さん、競技：高校陸上部監督（42 歳・男性）**

高校陸上部の監督をしているＹさんは、夏場に長時間練習すると足がつる生徒が増えるため、涼しい時間帯に練習することや、スポーツドリンクをこまめに補給するなどの対策を考えています。「足がつる」と表現されるケガの名前を選びなさい。

（1）　筋けいれん
（2）　遅発性筋痛
（3）　筋挫傷
（4）　筋断裂

問 152　ケーススタディ　**Z さん、競技：水泳（14 歳・男性）**

1 か月前から腰痛があったＺさんは、水泳をしていて症状が強くなり、近くのスポーツ整形外科を受診しました。医師からは「腰椎分離症」との診断を受け、約 3 か月はコルセットを着用してスポーツ活動を中止するように言われました。この時期に行っておくリハビリテーションやトレーニングとして適切でないものを選びなさい。

（1）　上肢や肩甲帯のストレッチと筋力トレーニング。
（2）　入浴時や就寝時以外のコルセット着用。
（3）　腰を反らして背筋を強化する筋力トレーニング。
（4）　ハムストリングのタイトネスを改善するストレッチ。

問 153　ケーススタディ　**A さん、競技：ラグビー（42 歳・男性）**

ＯＢ戦で久々にラグビーをしたＡさんは、コンタクトプレーの際、相手の膝が自分の太ももに強打し、歩行もままならない状態となりました。下記の状態でもっとも考えられる病態を選びなさい。

（1）　遅発性筋痛
（2）　筋挫傷
（3）　筋けいれん
（4）　肉離れ

問 154　ケーススタディ　**B さん、競技：バスケットボール（15 歳・女性）**

試合でジャンプ着地の際に右膝を捻ったＢさんは、医療機関を受診して検査を行い、外側半月板損傷と診断されました。現時点では手術を行うよりも、リハビリテーションを行う方が良いと指示されました。Ｂさんに勧められるリハビリテーションとして、適切でないものを選びなさい。

（1）　膝が内側に入る動きの修正

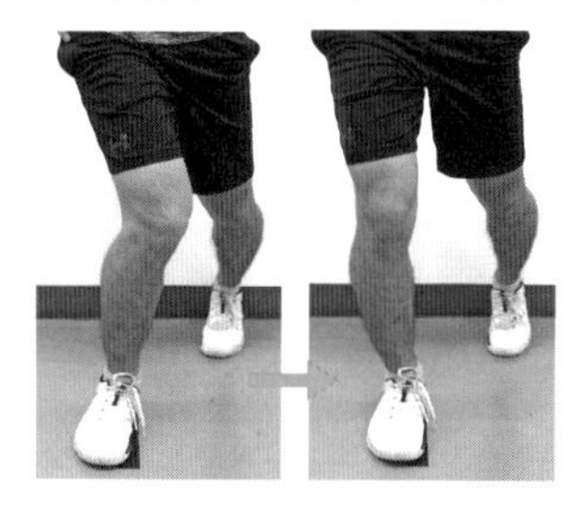

（2）　膝を前に出したスクワット

（3）　股関節の筋力トレーニング

（4）　体幹トレーニング

問 155　ケーススタディ　**C さん、スポーツ：サッカー（14 歳・男性）**

1 か月前から腰痛があった C さんは、サッカーをしていて症状が強くなり、近くのスポーツ整形外科を受診しました。医師からは「腰椎分離症」との診断を受け、3 か月間は部活動は禁止し、コルセットを着用するように言われました。この時期のリハビリテーションやトレーニングの方法として適切でないものを選びなさい。

(1)　ハムストリングのタイトネスを改善するストレッチ
(2)　腰を反らして背筋を強化する筋力トレーニング
(3)　上肢や肩甲骨のストレッチと筋力トレーニング
(4)　入浴時や就寝時以外はコルセットを着用して過ごす。

問 156　ケーススタディ　**D さん、競技：スピードスケート（21 歳・女性）**

オリンピック出場を目指す D さんは、日本で開催される国際大会に参加します。しかし、大会の数日前に風邪を引き、喉が痛くて練習に集中できません。ドーピング検査が行われる可能性があるこの大会で、D さんの対応として最も適切なものを選びなさい。

(1)　風邪を引いたときによく祖母が飲んでいた漢方薬を服用する。
(2)　同じ競技をしている友人が持っていた風邪薬を分けてもらって服用する。
(3)　以前、海外で購入したサプリメントを摂取する。
(4)　ドーピングに詳しい薬剤師に確認の上、ドーピング違反にならない市販の風邪薬を服用する。

問 157　ケーススタディ　**E さん、競技：野球（35 歳・男性）**

7 月半ばの晴れた日に、野球の練習をしていた E さんは、練習開始後 1 時間くらいしてから頭痛とめまいを感じ、その後一回嘔吐しました。この時の対応として、最も適切なものを選びなさい。

(1)　意識はあるので熱中症ではないと考え、練習を続ける。
(2)　熱中症と考え、吐き気止めの薬を内服したのち練習を続ける。
(3)　熱中症と考え、スポーツドリンクを飲んだのち練習を続ける。
(4)　熱中症と考え、スポーツドリンクを飲み、涼しい所で練習を休む。

問 158　ケーススタディ　**F さん、競技：サッカー（19 歳・女性）**

小学校からサッカーをしているＦさんは、今までケガや病気をしたことがありませんでした。ところが、大学生になり環境が変わってから、朝の練習時に息苦しさを感じるようになり、呼吸時にゼーゼーと音がするのを感じるようになりました。Ｆさんの症状から最も考えられる病気の名前を選びなさい。

(1)　ロコモティブシンドローム
(2)　インフルエンザ
(3)　熱失神
(4)　気管支喘息

問 159　ケーススタディ　**G さん、競技：陸上短距離（21 歳・女性）**

大学陸上部に所属しているＧさんは、来月初めてドーピング検査が行われる可能性のある大会に参加することになりました。Ｇさんのアンチ・ドーピングに関する現時点での認識として、適切なものを選びなさい。

(1)　婦人科で処方される（超）低用量ピルにドーピング禁止物質は含まれていない。
(2)　市販の風邪薬にドーピング禁止物質は含まれていない。
(3)　漢方薬にドーピング禁止物質は含まれていない。
(4)　サプリメントにドーピング禁止物質は含まれていない。

問 160　ケーススタディ　**H さん、競技：野球（15 歳・男性）**

内野の守備練習をしていたＨさんは、イレギュラーバウンドしたボールが胸に当たった後、その場にうずくまって動かなくなってしまいました。現場にいた指導者はすぐに胸骨圧迫を行い、迅速に AED を使用して救命することが出来ました。このように胸部の衝撃によって不整脈が誘発されて、命を落とすこともある疾患を選びなさい。

(1)　急性心筋梗塞
(2)　心臓震盪
(3)　脳振盪
(4)　肋骨骨折

問 161　ケーススタディ　**Iさん、競技：バスケットボール（13歳・女性）**

7月の暑い日に中学校のバスケットボールの試合が行われました。Iさんは前日から風邪を引いていましたが、症状が軽かったため試合に出場しました。しかし試合の途中から気分が悪くなり、吐き気を訴えて交代しました。顧問のJ先生がIさんに話しかけた時、Iさんは意識が朦朧（もうろう）として返事ができない状態でした。J先生の対応として適切なものを選びなさい。

（1）　Iさんをベンチで座らせて休ませた。
（2）　すぐに救急要請をして頚部や腋窩、大腿付け根をアイシングした。
（3）　次の試合に出場してもらうため、Iさんに体を動かすように指示した。
（4）　Iさんの頭を氷で冷やし、風邪薬を飲ませた。

問 162　ケーススタディ　**Kさん、競技：大学サッカーチーム監督（42歳・男性）**

Kさんが監督を務める大学サッカーチームが、夏休みにブラジルのリオデジャネイロで行われる大会に参加することになりました。遠征には医療スタッフは帯同しません。Kさんが事前に取るべき安全対策として、適切でないものを選びなさい。

（1）　ブラジルで流行している感染症と、必要な予防接種について調べる。
（2）　ブラジルでは日本の医療保険は使えないため、旅行保険などに加入させる。
（3）　時差があるため、大会まで余裕のある日程で出発日を決める。
（4）　ブラジルは南半球なので、暑さ対策は必要ない。

問 163　ケーススタディ　**Lさん、競技：陸上競技（29歳・女性）**

Lさんはドーピング検査が行われる可能性のある試合に出場する前日に、軽い喉の痛みを感じました。体調を整えるためにとったLさんの行動として適切なものを選びなさい。

（1）　脱水を予防するため、スポーツドリンクを普段より多く飲んだ。
（2）　両親に勧められた漢方薬を飲んだ。
（3）　今まで飲んだことのない成分不明のサプリメントを飲んだ。
（4）　以前風邪を引いたときに医療機関で処方された風邪薬を飲んだ。

問 164　ケーススタディ　**M さん　競技：サッカークラブ監督（44 歳・男性）**

サッカークラブのユースチームの監督の M さんは、チームで海外遠征に参加することになりました。チーム責任者としての考え方として適切なものを選びなさい。

（1）　現地との時差が 9 時間の場合、ジェットラグが生じることはない。

（2）　できるだけ現地の生水や生の食材を摂取するようにする。

（3）　現地で感染症が流行していないか情報を収集する。

（4）　常備薬のある選手は現地の医療機関で調達するようにする。

問 165　ケーススタディ　**N さん、競技：フィギュアスケート（20 歳・女性）**

N さんは以前よりフィギュアスケートをしている際に喘息発作を生じることがありました。吸入薬を使用していますが、症状の強いときにはステロイドの投与を行うこともありました。ドーピング検査が行われる可能性のある試合に出場することが決まった M さんは、医師と相談し、TUE（治療使用特例）を申請しました。下記の記述として適切なものを選びなさい。

（1）　TUE は大会の 10 日前までに申請する。

（2）　医療上の理由でも、TUE の申請なしに禁止物質を使用すると、ドーピング違反になる。

（3）　選手がドーピング違反物質を含んでいると知らずに使用した際はドーピング違反にならない。

（4）　喘息薬はドーピング違反の物質は含まれていない。

3級試験

解答編

問 1　正解 **3**

マラソンの由来は古代ギリシャの故事（戦争に勝利したことを約 40 km 離れたマラトンという街からアテネまで走って報告した）にあるとされ、第 1 回オリンピックのアテネ大会の際にマラトンからアテネまでの競走が加えられました。当初は「約 40 km」でしたが、1924 年のパリ大会から 42.195 km に統一されました。 公式テキスト➡ p.95

問 2　正解 **2**

冬季オリンピックは、1924 年にフランスのシャモニーで第 1 回大会が開かれ、現在は 4 年に 1 度、夏季オリンピックの中間の年に開催されます。日本での冬季オリンピックは 1972 年に札幌、1998 年に長野で開催されました。長野オリンピックではスキージャンプやスピードスケートなどの種目で史上最多となる金メダル 5 個を獲得し、日本中が盛り上がりました。 公式テキスト➡ p.22

問 3　正解 **3**

明治時代に嘉納治五郎が日本古来の投げる、締める、打つ、蹴るなどの技を用いて相手と戦う「柔術」をもとに、人間形成を目指す「柔道」を創始したと言われています。2012 年度の中学校の武道必修化後の 2013 年度の調査によると、約 64% の中学校で柔道が選択されているそうです。しかし、環境面の整備、指導教員の確保、安全面の配慮などの課題が指摘されています。 公式テキスト➡ p.21

問 4　正解 **4**

スポーツマンシップの考え方として、スポーツがゲームとして成立するために必要な「プレーヤー」「ルール」「審判」を自らが判断して尊重することが大切です。

問 5　正解 **2**

日本のオリンピック初参加に尽力した人物は嘉納治五郎です。嘉納治五郎は、大日本体育協会（現：日本スポーツ協会）の初代会長を務め、日本の体育・スポーツの振興に貢献しました。また、嘉納治五郎は、明治時代に「柔術」を、人間形成を目指す「柔道」へと昇華させた人物でもあります。金栗四三（かなくりしそう）は、日本人最初のオリンピック選手であり、ストックホルム大会に出場しました。 公式テキスト➡ p.21

問6 正解 **1**

第1回のパラリンピックは1960年にローマで開催されました。2000年のシドニー大会からは、オリンピックとパラリンピックを同じ都市で開催することが義務化されました。 公式テキスト➡ p.21

問7 正解 **3**

関節の軟骨は、骨の端を覆う厚さ数mmの組織で、摩擦を減らし滑らかな関節運動を可能としています。骨に比べ、一度損傷すると修復されにくく、スポーツ外傷・障害によって軟骨が損傷すると、スポーツ復帰までに数か月から数年かかることがあります。(1)は神経、(2)は筋肉、(4)は靭帯の働きです。

公式テキスト➡ p.27

問8 正解 **3**

脳、脊髄、末梢神経と続く経路は神経系と呼ばれています。運動を司る運動神経からの信号は脳から末梢神経へと伝わり、痛みなどを伝える感覚神経からの信号は末梢神経から脊髄を通って脳へと送られます。 公式テキスト➡ p.26

問9 正解 **2**

筋肉が骨に付着する部分は腱と呼ばれます。軟骨は関節面においてクッションの役割を果たすため、水分を多く含み柔らかい組織です。常に生まれ変わり(形成と破壊)をくりかえす骨に比べて軟骨はその能力が乏しいため、一度損傷すると修復されにくいのが特徴です。人間の骨の数は約200個です。

公式テキスト➡ p.26,27

問10 正解 **4**

運動中に自分で脈拍を測るには、手首にある橈骨動脈(親指側、手のひら側の血管)が一般的に用いられます。健康な成人の安静時の脈拍数は60〜100回/分程度ですが、運動時には速くなります。激しい運動を長期間続けると、普段の脈拍が遅くなる「スポーツ心臓」と呼ばれる状態になることがあります。

公式テキスト➡ p.28

問 11　正解 **3**

心臓が拍動すると血液が心臓から動脈に送られ脈拍として触れることができます。成人の安静時の脈拍数は 1 分間に 60-100 回で、運動をすると速くなります。一定の期間、激しい運動を習慣にすると、普段の脈拍が遅くなる「スポーツ心臓」と呼ばれる状態になることがあります。心拍数が 1 分間に 60 回以下の場合は徐脈、100 回以上の場合は頻脈です。

公式テキスト➡ p.28

問 12　正解 **2**

肘関節は、上腕にある上腕骨と、前腕にある橈骨と尺骨の 3 つの骨から構成される関節です。上腕骨と肩甲骨は肩関節を、鎖骨と肩甲骨は肩鎖関節を構成します。舟状骨、橈骨、尺骨は手関節を構成します。中手骨は橈骨、尺骨と関節を形成しません。

公式テキスト➡ p.31

問 13　正解 **1**

深層にあるインナーマッスルに対して、浅層にある筋肉のことをアウターマッスルと呼びます。肩だけでなく、体幹や殿部の筋肉でもインナー・アウターの区別がよく用いられます。

公式テキスト➡ p.36

問 14　正解 **3**

前腕には橈骨と尺骨があり、手根骨である舟状骨・月状骨・三角骨と手関節を構成します。

公式テキスト➡ p.31

問 15　正解 **3**

4 つのインナーマッスルは、前方・上方・後方から上腕骨を包み込むようにして腱板となり上腕骨に付着しています。腱板の組織は加齢により徐々に弱くなると考えられており、高齢になるほど腱板損傷の頻度は増加します。

公式テキスト➡ p.36,71

問 16　正解 **2**

a は DIP 関節、b は PIP 関節、c は MP 関節です。

公式テキスト➡ p.31

問 17　正解 **2**

腰椎は通常5個あります。頚椎は7個、胸椎は12個あります。

公式テキスト➡ p.34〜35

問 18　正解 **1**

大腿後面の3つの筋肉を総称して「ハムストリング」と呼びます。作ったハムをぶら下げる紐（ひも）として、大腿後面の筋肉の腱が使われていたことに由来すると言われています。

公式テキスト➡ p.38

問 19　正解 **4**

外くるぶしに該当する骨は腓骨、内くるぶしに該当する骨は脛骨です。足関節の外側にある靭帯は腓骨と距骨あるいは踵骨をつないでいます。

公式テキスト➡ p.33

問 20　正解 **2**

大腿骨は人体の骨の中で最も長い骨です。寛骨と股関節を構成し、脛骨と膝関節を構成します。胎児の大腿骨の長さは発育状態を確認するために超音波検査で測定されます。最も小さい骨は耳の中にある耳小骨（あぶみ骨）で全長は約3mmです。

公式テキスト➡ p.32

問 21　正解 **2**

アキレス腱は踵に付着する人体最大の腱です。歩行や走行、跳躍などで蹴りだすときに、踵を持ち上げる役割をします。腱の名前はギリシャ神話に登場する無敵の英雄アキレウスの唯一の弱点がこの部分であったことに由来し、致命的な弱点の比喩としても使われます。

公式テキスト➡ p.39

問 22　正解 **2**

アキレス腱はふくらはぎにある腓腹筋とヒラメ筋が踵骨に付着する腱です。鵞足は、半腱様筋、縫工筋、薄筋の腱がガチョウ（鵞鳥）の足のように広がりながら脛骨の内側に付着する部位のことです。

公式テキスト➡ p.38〜39,95,103

問 23　正解 **2**

骨盤にある寛骨は恥骨、坐骨、腸骨の３つからなり、子供の時は３つの骨が軟骨によって結合していますが、成人になると一つの骨（寛骨）となります。脊椎は上から頚椎、胸椎、腰椎、仙骨と連なり、仙骨と腸骨による仙腸関節で寛骨と連結しています。

公式テキスト➡ p.32

問 24　正解 **4**

腹筋は体幹の重要な筋肉です。腹直筋は恥骨と肋軟骨をつなげて、内臓の保護にも大切です。斜めに走る内腹斜筋や外腹斜筋は体幹の回旋や横に曲げる動きで働きます。深層にある腹横筋は呼吸においても働きます。腓腹筋はふくらはぎにある筋肉です。

公式テキスト➡ p.41

問 25　正解 **4**

腹筋は体幹の重要な筋肉です。腹直筋は恥骨と肋軟骨をつなげて、内臓の保護にも大切です。斜めに走る内腹斜筋や外腹斜筋は体幹の回旋や横に曲げる動きで働きます。深層にある腹横筋は呼吸においても働きます。腓腹筋はふくらはぎにある筋肉です。

公式テキスト➡ p.41

問 26　正解 **4**

椎間板は脊椎と脊椎の間でクッションの役割を果たす組織であり、頚椎、胸椎、腰椎の全てに存在します。椎間板が突出して神経を圧迫し、痛みやしびれ症状が出るものを椎間板ヘルニアと呼びます。腱板は肩にある組織です。

公式テキスト➡ p.34,58

問 27　正解 **4**

僧帽筋は、肩甲骨と頚椎・胸椎をつなぐ筋肉で、主に肩甲骨を動かす働きがあります。猫背で肩甲骨が前に傾くような不良姿勢は肩こりの原因となります。肩甲下筋は肩のインナーマッスルの一つで、肩甲骨の前方にあります。

公式テキスト➡ p.36,40

問 28 正解 **2**

腸骨筋は腸骨と大腿骨に付着し、大腰筋・小腰筋は腰椎と大腿骨に付着しています。これらの筋はまとめて腸腰筋と呼ばれ、股関節を屈曲させる働きをします。腸腰筋のタイトネスは腰椎の過度な反り（伸展）やこれによる伸展型腰痛の原因となります。 公式テキスト➡ p.41,120

問 29 正解 **2**

外傷が生じたときに最初に行うべき「RICE 処置」は以下の通りです。

・患部を無理に動かさずに安静にする（Rest）
・アイスパックなどで患部を冷やす（Icing）
・弾力性のある包帯などで患部を圧迫する（Compression）
・患部を心臓よりも高く挙上する（Elevation） 公式テキスト➡ p.46

問 30 正解 **4**

傷に泥などが付着している場合は水道水で洗浄します。近年、創傷は乾燥させるのではなく湿潤環境で治すという方法が推奨されています。大きく深い創傷は縫合が必要なため医療機関受診が勧められます。 公式テキスト➡ p.46

問 31 正解 **4**

傷病者に反応がなく、呼吸がないか異常な呼吸が認められる場合、心肺蘇生が必要と判断し、1 分間に 100 − 120 回の胸骨圧迫を開始することが推奨されています。 公式テキスト➡ p.48

問 32 正解 **2**

脱落した歯を保存する液として最も好ましいのは歯牙保存液です。歯牙保存液が手元に無い場合は牛乳や豆乳、生理食塩水に浸すか、どうしてもない場合はミネラルウォータに浸し乾燥させないことが重要です。水道水や消毒用エタノールなどに浸すと歯の根っこの部分に残っている細胞を損傷してしまい、歯の機能を回復することができなくなる可能性があります。 公式テキスト➡ p.54

問 33　正解 **3**

脳振盪を起こした場合、意識消失の有無に関わらず、プレーを継続させてはいけません。また子どもの場合であっても同様です。脳振盪と判断された場合でも、その後に症状が悪化することがあるため、注意深く経過観察をする必要があります。段階的競技復帰プロトコールでは、競技復帰までに 6 段階あり、各段階に 24 時間あけて問題がなければ次の段階に進むことができます。

公式テキスト➡ p.52

問 34　正解 **2**

脳振盪では意識消失・障害、健忘、記憶障害、頭痛、めまい、嘔吐、ふらつき、麻痺（手足に力が入りにくい）、しびれ、性格の変化（行動がいつもと違う、興奮しやすい）などの様々な症状を認めます。排尿困難は頚髄の損傷によって起こる症状です。

公式テキスト➡ p.52

問 35　正解 **3**

脳に明らかな出血を認めず、脳の活動に障害を生じたものを脳振盪と呼びます。また、脳振盪を起こしても意識消失を認めないことも多く、頭痛、めまい、バランスが悪いなどの症状のみのこともあります。また、脳振盪は頭部を直接ぶつけていなくても、頭部が強く揺さぶられることでも生じます。

公式テキスト➡ p.52

問 36　正解 **4**

頭部外傷では鼻、歯を含めた顔面の外傷を合併することがあります。そのため頭部外傷では他に外傷がないかチェックすることが大切です。

公式テキスト➡ p.54

問 37　正解 **4**

頭部外傷の予防では、頭部位置を安定させるために頚部の筋力を強化することが重要です。重症頭部外傷の調査では、受傷前に脱水を訴えていたケースが多く、体調不良時には判断力が低下し頭部外傷が生じやすいということが指摘されています。また頚部のトレーニングも重要です。

公式テキスト➡ p.53

問 38　正解 **1**

脱落した歯牙は消毒液ではなく、専用保存液や牛乳などで持ち運び乾燥しないようにします。鼻血が出た場合仰向けでは喉に流れてしまうため、前かがみの姿勢で止血することが推奨されます。蚊が飛んでいるように見える飛蚊症（ひぶんしょう）では網膜の損傷が疑われます。 公式テキスト➡ p.54～55

問 39　正解 **3**

頚髄損傷が比較的起こりやすいスポーツとして、アメリカンフットボール、ラグビー、柔道、体操などが挙げられます。また、水泳の飛び込みでは、プールの水深や飛び込む角度によっては、底に頭部がぶつかった際に頚椎が過度に伸展され、頚髄損傷が起こることがあります。 公式テキスト➡ p.56～57

問 40　正解 **3**

腰椎分離症は多くが成長期に発生する、腰椎の疲労骨折のことです。初期では単純 X 線（レントゲン）検査による診断は難しく、MRI 検査や CT 検査を受けることが必要です。初期に適切な治療を開始すれば、骨折した部分の癒合が期待できますが、進行するにつれ骨は癒合しにくくなります。成長期のスポーツ選手の腰痛では、早期の診断と対応が特に重要です。 公式テキスト➡ p.60～61

問 41　正解 **3**

腰椎椎間板ヘルニアでは腰痛のほか、下肢の痛み、しびれ、筋力低下などを生じます。上肢のしびれや痛み、筋力低下は頚椎椎間板ヘルニアで生じることがありますが、腰椎椎間板ヘルニアで生じることはありません。

公式テキスト➡ p.58～59

問 42　正解 **2**

腰椎分離症は初期では単純 X 線検査での診断は難しく、MRI 検査や CT 検査が必要です。腰痛が主な症状であり、下肢のしびれや痛みは腰椎椎間板ヘルニアで出現することの多い症状です。治療の基本は安静、コルセット、アスリハなどの保存治療です。 公式テキスト➡ p.60～61

問 43　正解 **2**

頸髄損傷では四肢の麻痺や排尿障害が起こり、上位の損傷では呼吸障害も生じます。眼球が突出することはありません。

公式テキスト➡ p.56

問 44　正解 **4**

頸髄損傷では首の痛みや可動域制限、四肢のしびれや筋力低下なども生じます。皮疹は特に関係ありません。

公式テキスト➡ p.56

問 45　正解 **2**

投球による上腕骨近位の骨端線の損傷はリトルリーガーズショルダーと呼ばれ、損傷した骨端線の拡大の程度により、通常 1～2 か月の投球禁止が必要です。投球禁止期間を設けずに、投球フォームが改善するまで投げ込むようなことは症状の増悪につながります。成長期の投球動作に伴う肩の痛みは、単純に投げすぎていること以外に、投球フォームや身体の硬さなどの問題が原因となって生じます。そのため投球を休止して痛みが改善しても、硬い身体の状態で同じフォームで投げ続けると、痛みが再発することがあります。投球を休止している間に、硬さなどの身体の問題点を改善し、投球開始後にフォームを改善するためのアスリハを行うことが重要です。

公式テキスト➡ p.64～65

問 46　正解 **3**

a の組織は関節唇であり、脱臼に伴って損傷されます。肩関節脱臼後は迅速に整復することが必要です。整復された後は、一定期間の固定の後、アスリハを開始します。関節唇損傷は完全に治癒しないことも多く、脱臼を繰り返してしまう場合は競技の種目やレベルを考慮して、手術の必要性が判断されます。

公式テキスト➡ p.68～69

問 47　正解 **4**

肩鎖関節脱臼は、肩甲骨と鎖骨が構成する肩鎖関節の脱臼であり、コンタクトスポーツで発生しやすいスポーツ外傷です。徒手的に整復しても整復位を保持することはできず外観上鎖骨が浮き上がって見えます。手術以外の方法で肩鎖関節を元の位置に戻すことはできませんが、手術をしない場合でも適切なアスリハを行えば競技レベルを問わず競技復帰は可能です。

公式テキスト➡ p.70

問 48 正解 4

肩関節は脱臼すると、強い痛みを生じるが、整復されると痛みは軽減します。しかし、テーピングをしても脱臼を完全に予防することができず、スポーツ競技のパフォーマンスが低下している状態の場合、手術が選択されることがあります。

公式テキスト➡ p.68〜69

問 49 正解 1

投球障害肩では多くの場合タイトネスなどの問題があり、肩では後方の組織がタイトになりやすいです。筋力トレーニングではインナーマッスルの強化がより重要になります。投球で肩に過度な負担をかけないために股関節の柔軟性や筋力を高めることは重要です。 公式テキスト➡ p.67

問 50 正解 2

リトルリーガーズショルダーは野球やソフトボールに参加する成長期の選手に生じるスポーツ障害です。投げるボールの種類に限らず発生します。投球の休止・制限や、アスリハを中心とした保存治療が基本となります。再発予防のためのストレッチは肩や肘に加えて、下半身においても重要です。

公式テキスト➡ p.64〜65

問 51 正解 2

成長期の野球肘は内側型と外側型に分けられ、進行した外側型の障害（上腕骨小頭の離断性骨軟骨炎）では、可動域制限などを来たし、手術が必要になる場合があります。これらの予防や早期発見を目的として、野球肘検診という取り組みが各地で行われるようになってきています。 公式テキスト➡ p.72〜73

問 52 正解 1

手首（手関節）を反らす筋肉（手関節背屈筋群）は、肘関節の外側に付着しています。このため、この筋肉を過度に使うと肘の外側に痛みを生じることがあります。テニスのバックハンドで手首を返すときにこの部分に痛みが生じやすいことから「テニス肘」と呼ばれています。実際にはテニス以外にも、手首をよく使う料理やパソコン動作などで同様の痛みが生じることがあります。

公式テキスト➡ p.76〜77

問 53　正解 **2**

野球肘は投球動作で生じる肘周囲の痛みの総称です。野球肘には内側型と外側型があり、内側型の原因には内側側副靭帯損傷が含まれます。（1）は外側側副靭帯、（3）は上腕筋や上腕二頭筋、（4）は上腕三頭筋を示しています。

公式テキスト➡ p.72

問 54　正解 **1**

テニス肘とは、手関節背屈筋群を使って手関節を反らす運動を繰り返すことで、この筋肉が付着する肘の外側部に負担がかかり痛みを生じる状態をさします。

公式テキスト➡ p.76〜77

問 55　正解 **1**

ボクサー骨折では中手骨が骨折します。突き指でも急性期ではRICE処置を行います。外見上明らかな脱臼や変形が観察できなくても、亀裂骨折などが生じている場合もあり、医療機関での検査・処置が必要になることもあります。屈筋腱の損傷をラグビージャージフィンガー、母指の尺側副靭帯の損傷をスキーヤーズサムと呼びます。

公式テキスト➡ p.81

問 56　正解 **2**

肘後方のインピジメントでは上腕骨と尺骨の肘頭が衝突することで痛みが生じます。

公式テキスト➡ p.74

問 57　正解 **2**

サッカー選手に多い股関節前面（鼠径部）の痛みでは、股関節周囲の骨や筋肉の損傷、股関節唇損傷など、損傷した部位を特定できる場合もありますが、そうでないことも多く、一般的に「グロインペイン（鼠径部痛）症候群」と呼ばれます。キックや切り返しなどの股関節に負荷の大きい動作の繰り返しによって股関節周囲の正常な運動が損なわれていることが多く、これをアスリハで改善することが重要となります。

公式テキスト➡ p.82

問 58 正解 **3**

オスグッド病で痛みが生じる部位はcの脛骨粗面です。aは大腿四頭筋、bは膝蓋骨、dは半月板です。 公式テキスト➡ p.92〜93

問 59 正解 **2**

オスグッド病は成長期に生じる膝のスポーツ障害であり、繰り返しの負荷で脛骨粗面に痛みを生じます。膝蓋腱に連続する大腿四頭筋の牽引によって起こるため、同部位のストレッチが重要になります。通常、早期に手術が行われることはありません。 公式テキスト➡ p.92〜93

問 60 正解 **3**

ジャンパー膝はジャンプ動作が多いスポーツに発生しやすいですが、痛みはランニング動作でも生じます。オスグッド病は一度痛みが消失しても、再発することがあります。膝内側側副靭帯損傷は膝の外側から外力が加わり生じるほか、前十字靭帯損傷に合併して生じます。 公式テキスト➡ p.90〜91

問 61 正解 **2**

前十字靭帯損傷では、受傷直後は装具で膝を固定し安静にする保存治療が選択されますが、自然治癒が期待できないため膝付近にある腱で靭帯を作り直す靭帯再建術が行われます。 公式テキスト➡ p.84〜85

問 62 正解 **4**

後十字靭帯は前十字靭帯の後方に位置し、大腿骨に対して脛骨が後方にずれるのを止める役割があります。後十字靭帯損傷後は前十字靭帯損傷後と異なり、手術を受けなくても適切なアスリハを行うことでスポーツに復帰できるケースは多いです。(1)は外側側副靭帯、(2)は前十字靭帯、(3)は内側側副靭帯です。

公式テキスト➡ p.88〜89

問 63 正解 **1**

鵞足炎は、半腱様筋が脛骨内側に付着している鵞足部に生じます。腸脛靭帯炎は、腸脛靭帯が付着している脛骨外側部に生じます。 公式テキスト➡ p.95

問 64　正解 4

足関節捻挫では内がえし捻挫により足関節の外側の靭帯を損傷することが多いです。受傷直後の RICE 処置では、足関節が動かないよう固定しますが、足の指はよく動かせるようにしておきます。競技復帰に向けては可動域訓練、筋力トレーニング、バランストレーニングを段階的に行い、再発予防に努めましょう。

公式テキスト➡ p.96〜97

問 65　正解 1

シンスプリントでは下腿の脛骨内側部の中下 1/3 の広い範囲に痛みを生じます。安静にしていれば、痛みは徐々に軽減していきますが、競技復帰した途端に再発する事が多いスポーツ障害です。再発を繰り返さないためには体の使い方やバランスを調整するためのアスリハが重要で、インソールを使用してアーチを補うのも一つの方法です。

公式テキスト➡ p.100〜101

問 66　正解 1

中高年のランナーで生じる足周囲の疾患には、足底腱膜炎やアキレス腱炎があり、基本的には保存治療が行われます。インソールはアーチの補正のために用いられます。足底腱膜炎は足底にある膜性の腱の炎症でありリスフラン関節は関係ありません。下腿のストレッチを行うことが推奨されます。

公式テキスト➡ p.103

問 67　正解 2

アキレス腱は皮膚の下で触れやすい腱であり、断裂部位はへこむため、触診で診断することが可能です。通常は一度の外力で受傷し、徐々に断裂するということはありません。好発年齢は 20 代〜40 代であり、まれに成長期にも発生することがあります。手術を受けたとしても、競技復帰には通常半年以上の期間を要します。

公式テキスト➡ p.98〜99

問 68　正解 3

足関節捻挫で損傷しやすい前距腓靭帯は腓骨と距骨を結ぶ靭帯です。

公式テキスト➡ p.96

問69 正解 **3**

中足骨の疲労骨折は陸上競技などのランニングが多い競技で、第2あるいは第3中足骨の中央部に発生する頻度が高いです。有痛性三角骨はクラシックバレエやサッカーで、足底腱膜炎はランニングスポーツで、ジョーンズ骨折はサッカーで発生しやすい代表的なスポーツ障害です。 公式テキスト➡ p.102〜103,107

問70 正解 **1**

骨折の典型的な所見として痛みと腫れ、外見の変形がありますが、骨折の部位、骨折部のずれの程度によって外見が変形しない場合もあります。骨折によりずれた骨を戻す操作は整復と呼ばれます。疲労骨折は繰り返しの負荷が蓄積して生じる疲労骨折です。疲労骨折は下肢で多く発生しますが、上肢にも発生します。

公式テキスト➡ p.104

問71 正解 **4**

肉離れはハムストリング、大腿四頭筋、下腿三頭筋で発生する頻度が高く、MRI検定での分類が治療の参考にされます。軽度では2週間以内の復帰も目指せますが、重度では手術が必要となり、復帰までに数か月間を要します。再発するケースが多く、予防のためのアスリハが重要となります。 公式テキスト➡ p.108

問72 正解 **4**

打撲や捻挫では炎症が起こるため、痛みや腫れ、熱感などを生じます。そのため赤く腫れることはあっても、蒼白となることは通常ありません。

公式テキスト➡ p.46

問73 正解 **4**

受傷直後や、痛みや腫れが強い時期はRICE処置や、超音波や電気を使った物理療法を行います。組織が修復される段階では関節可動域改善、筋力強化、関節安定化、持久力維持を目的としたストレッチ、筋力トレーニングや基本動作トレーニングを実施します。組織修復が完了した時期には、必要に応じてテーピングや装具を使用しながら、再発予防のアジリティエクササイズや競技動作トレーニングを段階的に開始します。 公式テキスト➡ p.110〜111

問 74　正解 **2**

アスリハでは、理学療法士やアスレティックトレーナーが物理療法、筋力トレーニング、基本動作トレーニングなどを行います。注射は医療行為であるため、医師のみが実施することが可能です。 公式テキスト➡ p.110～111

問 75　正解 **1**

アスリハはスポーツ活動に早く安全に復帰し、再受傷を予防するために行われます。アスリハには、ケガが治った後に元の体力に戻すための自己管理やトレーニングを意味するリコンディショニングも含まれます。アスリハは理学療法士やアスレティックトレーナーなどの専門的な知識・技術、資格を持った人が指導します。スポーツドクターのみが実施するものではありません。

公式テキスト➡ p.110～111

問 76　正解 **3**

腫れの軽減、筋萎縮の予防、関節運動の改善は、痛みや炎症が残る時期に行われるメディカルリハビリテーションの主目的となります。組織修復が完了した後のスポーツ復帰に向けたアスリハでは、競技動作の確認・修正や再発予防などが主目的となります。 公式テキスト➡ p.110～111

問 77　正解 **3**

選手がケガした後は、まずしっかりとメディカルリハビリテーションを実施し、痛みや炎症をチェックし、組織修復に合わせてアスレティックリハビリテーションを段階的に進めます。そして、専門家の判断を仰いでから、競技に復帰をすることが望ましいです。 公式テキスト➡ p.110～111

問 78　正解 **4**

大腿前面にある大腿四頭筋は４つの筋肉（大腿直筋、内側広筋、外側広筋、中間広筋）の総称であり、図のポジションでタイトネスをチェックすることができます。このポジションはストレッチとしても有効です。他の選択肢にある筋肉はこのポジションではストレッチされません。 公式テキスト➡ p.117

問79　正解 **3**

ストレッチは筋肉の温度や血流が高まるため、活動前のウォームアップとして役立ちます。また活動後に実施することで筋肉痛軽減や疲労回復の効果も期待できます。動的ストレッチは競技動作を活かして身体の準備を整えるものであり、バリスティックストレッチは反動を利用して自分の関節を動かすものです。いずれのストレッチも、痛みを我慢して無理に行うと肉離れなどのケガを生じることがあるので注意が必要です。

公式テキスト➡ p.114～115

問80　正解 **1**

腰痛は、腰を反らすことで痛みが出る伸展型腰痛と腰を曲げることで痛みが出る屈曲型腰痛に分けられます。それぞれ特徴的な立ち姿勢があり、伸展型腰痛になりやすい姿勢として、腰が過度に反っていること、骨盤が過度に前傾して前に出ることや膝が後ろに反ることなどが挙げられます。一方、屈曲型腰痛になりやすい姿勢として、腰が曲がっていること、骨盤の前傾が小さい（後傾している）ことや膝が曲がっていることなどが挙げられます。

公式テキスト➡ p.118～119

問81　正解 **2**

腰痛は伸展型腰痛と屈曲型腰痛に分けられます。伸展型腰痛は、腰を反らしたときに痛みが出現する腰痛のことをいいます。痛みがあるときには、骨盤を過度に前傾する姿勢をとったり、背筋トレーニングとして腰を強く反らすことは避けたほうがよいでしょう。

公式テキスト➡ p.118～123

問82　正解 **4**

座位姿勢や持ち上げ動作において、腰部を過度に反らしたり丸くすると腰痛の悪化につながります。できるだけ腰部を真っすぐにした姿勢や動作が腰部の負担軽減につながります。

公式テキスト➡ p.118～123

問83　正解 **2**

腰を後屈させると痛くなる伸展型腰痛では、大腿四頭筋のストレッチが勧められます。(1)、(3)、(4) はいずれも大腿の前面ではなく後面にあるハムストリングをストレッチする方法です。(2) は大腿四頭筋の中でも特に大腿直筋のストレッチとして有効な方法です。

公式テキスト➡ p.120～121

問 84　正解 **2**

(2) はハムストリング（右側）のストレッチを主目的としたエクササイズです。(1) は腸腰筋（右側）のストレッチ、(3) は腰背部筋および殿筋のストレッチ、(4) は殿筋（右側）のストレッチを主目的としたエクササイズです。

公式テキスト➡ p.114〜117,120〜121

問 85　正解 **1**

(2) 〜 (4) は腹筋、背筋、殿筋などの体幹筋のトレーニングです。(1) は体幹筋のトレーニングではなく股関節周囲のストレッチです。

公式テキスト➡ p.120〜123

問 86　正解 **1**

体幹トレーニングとして、(1) のようなスタビライゼーションエクササイズがよく用いられます。不安定な姿勢で体幹を直線に保つことで体幹の安定性を高めることができます。(2) は右上腕三頭筋のストレッチ、(3) は敏捷性向上を目的としたラダートレーニング、(4) は右ハムストリングのストレッチです。

公式テキスト➡ p.122〜123

問 87　正解 **3**

(3) は腹筋群のひとつである腹斜筋の筋力強化を主目的としたトレーニングです。(1) は腹直筋のストレッチ、(2) は背部筋や股関節のストレッチ、(4) は腸腰筋（左側）のストレッチを主目的としたエクササイズです。

公式テキスト➡ p.120〜123

問 88　正解 **1**

スクワット姿勢では、横や正面から見て良好なアライメント（骨や関節の配列）となっていることが重要です。横からみた時のポイントは、下肢の 3 つの関節（股関節、膝関節、足関節）がバランスよく曲がっていることや、体幹が過度に反ったり前屈していないことです。(2) は股関節が曲がっておらず重心が後方に偏っています。(3) は膝と足関節が曲がっておらず体幹が前傾しすぎています。(4) は膝を前に出し過ぎて腰が反りすぎています。

公式テキスト➡ p.131

問 89 正解 **4**

アスレティックリハビリテーションは、各々のエクササイズの目的を理解して行うことが重要です。(1) はハムストリングのストレッチを示しており、筋力トレーニングとしては不適切です。(2) は腸腰筋（左側）のストレッチを示しており、柔軟性改善のために行われます。(3) はバランスディスク上でのスクワットトレーニングを示しており、バランス能力の向上が主目的となります。(4) はラダートレーニングを示しており、敏捷性（アジリティ）向上のために行われます。 公式テキスト➡ p.110〜113,124〜127

問 90 正解 **4**

シンスプリントへのアスリハでは、足関節や股関節周囲のストレッチを行い、関節可動域を広げることが重要です。体幹や股関節周囲の筋力強化も重要です。ランニングを再開するときは、固すぎない地面で、適度なクッション性のあるシューズを履いて走ることが推奨されます。 公式テキスト➡ p.110〜101,152〜155

問 91 正解 **4**

(4) はレッグエクステンションと呼ばれ、太もも前面の大腿四頭筋の筋力トレーニングです。このトレーニングを開始する時期は様々ですが、膝靭帯損傷などの術後に膝関節の安定性を高めるために重要なトレーニングの一つです。(1) は股関節内転筋のストレッチ、(2) は足背屈筋の筋力トレーニング、(3) は大腿四頭筋のストレッチです。 公式テキスト➡ p.112

問 92 正解 **3**

両脚スクワットでは、体幹を適度に前傾させ、股関節と膝を十分に曲げ、左右対称な姿勢で行うことが大切です。実施するときは浅めのスクワットから始めるのが良いでしょう。ランジは足を一歩前に出して体重をかけるように行います。片脚スクワットは片脚立ちから体幹を適度に前傾し、股関節と膝を曲げて行います。これら全ての動作において、膝が過度に内側を向いたり、つま先が過度に外側を向いたり、体幹が大きく傾いたりしないように注意しながら実施することが大切です。 公式テキスト➡ p.128〜131

問 93 正解 **1**

前十字靭帯には大腿骨に対して脛骨が前方に移動するのを制動する役割があります。そのため、前十字靭帯の再建術後では再建靭帯へ過負荷をかけないために、脛骨が前方に過度に移動するような運動には注意が必要です。大腿四頭筋には膝関節が曲がった状態から伸展する運動中に、脛骨を前方に引き出す作用があるため、再建術後は、このような運動の開始時期や方法を専門家に確認した方が良いでしょう。 公式テキスト➡ p.84～85,128～131

問 94 正解 **3**

投球障害肩や肩関節の脱臼を繰り返している場合には、肩関節のインナーマッスル強化が重要です。(1)、(2)、(4) はいずれも上肢の筋肉のストレッチです。しかし、インナーマッスルの強化のみでは再脱臼を完全に予防できるわけではないため、根本的な治療としては手術が行われることもあります。

公式テキスト➡ p.132～134

問 95 正解 **4**

肩のインナーマッスルの筋力トレーニングには肩関節の安定性を高める効果があります。肩の外傷・障害の再発を予防するためにしっかりと強化してから、その後の競技動作トレーニングを行うことが推奨されます。(4) は筋力トレーニングではなく、三角筋後部のストレッチです。 公式テキスト➡ p.132～134

問 96 正解 **2**

野球肘は投球動作の繰り返しによって生じる肘周囲の痛みの総称です。野球肘はその障害部位により内側型と外側型に分けられ、両型ともに肘の過度な外反（上腕に対して前腕が外へ動く）による負担が原因の一つであると考えられています。投球中に肘が下がることによって、肘は過度に外反しやすくなり、野球肘につながる可能性が高まります。そのため、投球中に肘が下がるような不良な投球動作を改善する必要があります。(3)、(4) で示した投球動作の特徴も肘や肩への過度な負担につながる可能性があります。 公式テキスト➡ p.135～139

問 97　正解 **4**

肘内側側副靭帯損傷は投球動作の繰り返しによって発生する障害です。投球時に肘が大きく外反され、靭帯に引っ張り負荷がかかることが主な原因です。肘の位置が下がった状態での投球動作では肘への負担がより大きくなります。肩周囲や胸郭・胸椎の機能にも着目し、投球中の肘下がりを修正することが重要です。

公式テキスト➡ p.136〜139

問 98　正解 **4**

半月板損傷では、膝が深く屈曲した状態で負荷がかかり受傷することが多く、うさぎ跳びトレーニングは推奨されません。 公式テキスト➡ p.140〜143

問 99　正解 **3**

ジョーンズ骨折の原因として、足関節の柔軟性低下や、股関節や足部の筋力不足、動作時の足外側荷重、シューズの外側の摩耗、スパイクのポイントの位置などが挙げられます。硬いグラウンドでの大きな着地衝撃も原因の一つです。予防のためには足趾を適度に使い、足の内外側にバランスよく荷重しながら着地や切り返しのトレーニングをすることが重要です。上腕二頭筋のトレーニングはジョーンズ骨折の直接的な予防にはつながりません 公式テキスト➡ p.144〜147

問 100　正解 **3**

大腿直筋肉離れの急性期では、炎症を最小限に抑えて腫れを長引かせないために、(3) のような RICE 処置が重要です。(1) は“ももかん”と呼ばれる大腿前面の筋挫傷に対して拘縮予防のために行われることがある応急処置です。肉離れの急性期では筋を伸張しないほうがいいため (1) と (2) は適切ではありません。一般的に肉離れの急性期には温熱療法は行いません。 公式テキスト➡ p.108

問 101　正解 **2**

オスグッド病では大腿四頭筋による脛骨粗面への過剰な牽引負荷を軽減するために写真のようなストレッチが推奨されます。 公式テキスト➡ p.144〜147

問 102　正解 **3**

頭部を打撲して、めまい、ふらつき、嘔吐などが認められている場合、脳振盪かあるいはそれ以上の頭部外傷が生じている可能性があります。その日にプレーに戻すことはしてはいけません。また、頭部を打撲して救急要請が必要な場合として、持続する意識障害、手足の麻痺、言語障害、けいれん、繰り返す嘔吐、呼吸障害などの症状があります。頚椎の損傷が疑われる場合は、医療者や経験者の指示のもとで、頭頚部をしっかりと固定して複数人で搬送する必要があります。

公式テキスト➡ p.148～151

問 103　正解 **2**

大胸筋のトレーニングはハムストリング肉離れの予防にはつながりません。柔軟性の低下、ランニングフォームでの不良姿勢、体幹の不安定性などが肉離れの原因となるため、予防のために（1）、（3）、（4）は大切です。

公式テキスト➡ p.152～155

問 104　正解 **1**

シンスプリントを予防、改善するためには、クッション性の良いシューズを選ぶことや硬すぎる地面での長時間のランニングを避けるなどの配慮が重要です。また、足関節や足指の筋肉のストレッチや股関節周囲や大腿部の筋力強化によりランニング中の衝撃をうまく吸収するトレーニングが重要です。

公式テキスト➡ p.152

問 105　正解 **1**

シンスプリントは、脛骨内側の筋や腱が付着する骨膜の炎症であり、疲労骨折とは区別されます。

公式テキスト➡ p.100～101,152,155

問 106　正解 4

硬い金属が部材として使われている装具は、特にコンタクトスポーツでは相手をケガさせる危険があるため競技中に使用できない場合があります。テーピングは長時間の使用や強い締め付けにより血行不良や摩擦による傷や水ぶくれを生じることがあります。サポーターは一般的には装具より固定力は高くありませんが、テーピングと違って何度も使えるメリットがあります。

公式テキスト➡ p.156～159

問 107　正解 1

テーピングは、ケガの予防や応急処置として関節の固定や、患部の圧迫のために使用されます。足関節捻挫の後は、再発予防のためにテーピングを使用することがあります。皮膚を保護するためにテーピングを巻く前にアンダーラップを使用することがあります。テーピングは必要十分な固定が得られる範囲で巻くことが重要であり、足関節捻挫で足の指まで固定する必要はありません。テーピングの効果は数時間といわれており、また、長時間の使用は締め付けによる血行不良や摩擦による傷や水ぶくれを生じることがあるため、通常は運動後にすみやかに外します。

公式テキスト➡ p.156～157

問 108　正解 1

松葉杖の脇あての高さは脇から 4～5 cm 下になるよう調整します。グリップは大転子の高さで肘が 15°程度曲がる高さになるように調整します。歩く際は松葉杖を数十 cm 前方に出して足幅より少し開いて着くと安定します。

公式テキスト➡ p.158～159

問 109　正解 3

三大栄養素は炭水化物、タンパク質、脂肪であり、ビタミンやミネラルは含まれません。

公式テキスト➡ p.162

問 110 正解 **2**

女性アスリートの三主徴とは、利用可能エネルギー不足、無月経、骨粗鬆症のことです。運動量に見合った食事量が摂取できておらず、利用可能エネルギー不足の状態が続くと、脳からのホルモン分泌が低下し無月経となります。無月経になると卵巣から分泌されるホルモン（エストロゲン）が低下します。この低エストロゲン状態や利用可能エネルギー不足による低体重や低栄養は、骨量低下や骨粗鬆症の原因となります。 公式テキスト➡ p.167

問 111 正解 **1**

女性アスリートの三主徴とは、利用可能エネルギー不足、無月経、骨粗鬆症のことを指します。運動量に見合った食事量が摂取できておらず、利用可能エネルギー不足の状態が続くと、脳からのホルモン分泌が低下し無月経となります。無月経になると卵巣から分泌されるホルモン（エストロゲン）が低下します。この低エストロゲン状態や利用可能エネルギー不足による低体重や低栄養は、骨量低下や骨粗鬆症の原因となります。 公式テキスト➡ p.167

問 112 正解 **1**

成長期の骨は、骨を覆う骨膜の部分で太くなり、骨端線（成長線）の部分で長くなります。骨は作ること（骨形成）と壊すこと（骨吸収）がバランスを保ちながら一生行われています。骨の成長速度のピークは女子で早く、身長が止まるのも男子より早いことが知られています。成長期に生じる骨端症では、骨の中央部である骨幹部ではなく、筋肉や腱が付着する骨端部に痛みが生じます。

公式テキスト➡ p.27,p.168

問 113 正解 **2**

成長期の骨は、骨を覆う骨膜の部分で太くなり、骨端線（成長線）で長くなります。身長の伸びは、骨の成長に依存します。骨の成長速度のピークは女子で早く、身長が止まるのも男子より早いことが知られています。 公式テキスト➡ p.168

問 114　正解 1

聴覚障がいはパラリンピックには含まれておらず、デフリンピックという聴覚障がい者のためのスポーツ大会が行われています。パラリンピックは車いすを使うスポーツのみでなく、水泳や陸上のほか様々な競技が行われています。障がい者スポーツでもドーピング検査は行われます。一般的に、障がいの程度によってクラス分けされて競い合います。

公式テキスト➡ p.21,170～171

問 115　正解 4

身体障がいに含まれるものとして、肢体不自由、視覚障がい、聴覚言語障がい、内部障がいが挙げられます。身体障がいでないものとして、知的障がいと精神障がいがあります。

公式テキスト➡ p.170～171

問 116　正解 3

障がい者スポーツでは、障がいに合わせてうまくルールを変えて競技が行われています。車いすテニスでは 2 バウンド後の返球が可能であったり、競技によって異なる形状の車いすを用いたりするなどの工夫がなされています。

公式テキスト➡ p.170～171

問 117　正解 4

メタボリックシンドローム（メタボ）は内臓脂肪の蓄積により、高血圧や糖尿病、脂質異常症などの生活習慣病がある状態です。メタボで生じやすいのは動脈硬化であり、これが進行すると、脳梗塞や心筋梗塞のリスクを上昇させます。ロコモティブシンドローム（ロコモ）とは運動器の障害のために移動機能が低下した状態です。ロコモは、直接的な生命の危険性はないものの、移動能力の低下により生活の質が低下します。骨粗鬆症のほか、膝の関節軟骨や腰の椎間板が傷むことがロコモの原因となるため、適切な運動を継続して筋力を維持することが大切です。

公式テキスト➡ p.174～175

問 118　正解 **2**

ロコモティブシンドローム（ロコモ）とは運動器の障害のために移動機能が低下した状態です。ロコモは、直接的な生命の危険はないものの、移動能力の低下により生活の質が低下します。骨粗鬆症のほか、膝の関節軟骨や腰の椎間板が傷むことがロコモの原因となるため、適切な運動を継続して筋力を維持することが大切です。肥満や動脈硬化はメタボリックシンドローム（メタボ）と関係する用語です。

公式テキスト➡ p.174～175

問 119　正解 **2**

中高年では、基本的な運動能力としての持久力や瞬発力、バランス能力が経年的に低下します。加齢とともに、関節や靭帯、腱などの組織の柔軟性が低下し、ケガを起こしやすくなります。男性では腹囲 85 ㎝以上というのがメタボリックシンドロームの診断基準になります。

公式テキスト➡ p.174

問 120　正解 **3**

熱中症の症状としては、
軽　症：めまい、立ちくらみ、こむら返り、筋肉痛、発汗が止まらない
中等症：頭痛、嘔気・嘔吐、脱力感
重　症：意識障害、高い体温、けいれん
などがあり、重症では命の危険もあります。熱中症を起こさない予防策が重要です。

公式テキスト➡ p.178～179

問 121　正解 **2**

普段、症状がなくても潜在的に致死的な不整脈を有することがあるため、心電図検査などを定期的に受けることが大切です。喘息は寒冷が刺激となって誘発されたり、増悪することがあります。熱中症で意識障害を来している場合、生命の危険もあるため、救急要請が必要です。また、熱中症では大きな血管が通過する頸部、脇の下、鼠径部などを冷却することが有効です。

公式テキスト➡ p.176～177

問 122　正解 1

熱中症予防の温度指標として、WBGT（Wet-Bulb Globe Temperature：湿球黒球温度）がよく用いられます。熱中症とは、暑さで生じる障害の総称であり、頭痛、めまい、吐き気などが生じます。体温が 40℃を超えた場合のみを指すわけではありません。暑熱環境下では帽子の着用が勧められます。また、熱中症は 5 月にも発生しています。 公式テキスト➡ p.178〜179

問 123　正解 4

WBGT が 31℃を超える場合、原則運動は中止とされています。

公式テキスト➡ p.179

問 124　正解 3

人体は約 60%が水分で構成されています。運動前には 250〜500 mL の水分を補給することが望ましく、競技中も 500〜1000 mL の水分補給が推奨されます。

公式テキスト➡ p.164

問 125　正解 4

アスリートの気管支喘息の有病率は実は高く、正しい知識を共有し、適切な治療を受けることが大切です。気管支喘息の症状として、咳、喘鳴、呼吸困難などが挙げられます。発熱は直接関係ありません。 公式テキスト➡ p.29,176

問 126　正解 4

日光の紫外線により日焼けのほか、皮膚がんが引き起こされます。吸入ステロイドは主に喘息の治療に用いられます。ペーパーバック法は過換気症候群に行われます。オーバートレーニング症候群では、十分な休息をとり、運動量を適切にすることが大切です。 公式テキスト➡ p.176

問 127　正解 **1**

ドーピングとは、競技能力を増幅させる可能性がある手段（主に薬物）を不正に使用することです。スポーツファーマシストは薬剤師の免許を持ち、アンチ・ドーピングに関する知識を持つ専門家のことです。全国の都道府県にいるので、ドーピングについて心配な場合は、気軽に相談しましょう。
（スポーツファーマシスト：http://www.playtruejapan.org/sportspharmacist/）。
公式テキスト➡ p.182

問 128　正解 **4**

海外では衛生状態や飲料水の種類（軟水・硬水）により下痢を起こすことがあるため、ミネラルウォーターの摂取が推奨されます。
公式テキスト➡ p.180

問 129　正解 **4**

ドーピング禁止物質は風邪薬と漢方薬の両方に含まれている可能性があります。代表的な物質としては風邪薬にはメチルエフェドリン、漢方薬にはヒゲナミンなど国際的にすでに禁止物質と認定されている物質が実際に含まれている薬が存在します。
公式テキスト➡ p.182

問 130　正解 **3**

脂質を多く含む食べ物は消化により長い時間を要するため試合開始 30 分前など直前に摂取することは適切ではありません。チーム内で医学的な情報を含めて情報を共有することは重要であり、些細な外傷も他のスタッフに伝えることが必要です。TUE の申請は 30 日前までに行う必要があるため、投薬状況は常日ごろからアンチドーピングの意識と対策を持っておく必要があります。
公式テキスト➡ p.182

問 131　正解 **2**

明らかに出血が見られる傷の場合、早い段階でしっかりと傷口を洗浄することが重要です。日本の上水道の水は基本的に清潔であり、傷口を洗うのにも適しています。出血処置の際は、処置する側への血液感染を予防するため、ゴム手袋の使用が推奨されます。
公式テキスト➡ p.46〜47

問132 正解 **1**

救急救命において、最初にやるべきことは意識の確認です。傷病者に反応がなく、呼吸がないか異常な呼吸が認められる場合、あるいはその判断に自信が持てない場合は心停止、すなわち心肺蘇生措置が必要と判断し、ただちに胸骨圧迫を開始することが推奨されています。 公式テキスト➡ p.176

問133 正解 **3**

胸骨圧迫では、胸骨の下半分を1分間に100～120回程度のテンポで、胸が約5 cm程度沈むように圧迫することが推奨されています。「JRC蘇生ガイドライン2015」はインターネットで公開されていますので、是非閲覧してみてください。(http://www.japanresuscitationcouncil.org) 公式テキスト➡ p.48

問134 正解 **3**

頭部外傷後に、脳に明らかな出血を認めないものの、脳の活動に支障が出るものを脳振盪と呼びます。脳振盪では意識消失を認めないことも多く、頭痛、めまい、気分不快、健忘、吐き気、嘔吐、バランスが悪くなるなど様々な症状が出現します。脳振盪が疑われた際には、たとえ症状が軽快しても、当日の競技復帰は回避すべきです。 公式テキスト➡ p.52

問135 正解 **2**

急性硬膜下血腫では、脳と硬膜の間をつなぐ血管が損傷し、硬膜の下に生じた血腫が脳を圧迫します。一般的な急性硬膜下血腫は、受傷後から意識障害があるのに対して、スポーツによる急性硬膜下血腫は、意識障害が出にくいことがあり、最初は意識があっても、数分～10分程度で意識状態が悪化することもあります。早急に血腫を除去する手術を行う必要がある病態であり、手術までの時間が短ければ短いほど救命の可能性が高いため、これを疑った場合は迅速に救急要請を行う必要があります。急性硬膜下血腫は死亡事故や重篤な後遺症を残すスポーツ頭部外傷の中では最も頻度が高いケガであり、頭部外傷に遭遇した際は、これを念頭に入れておく必要があります。今回のケースでは、熱中症や脳振盪の可能性も否定はできませんが、いずれにせよ意識消失がある場合は救急要請が必要となります。心臓震盪は頭部ではなく、胸部に衝撃が加わることで致死的な不整脈が生じるものです。 公式テキスト➡ p.53

問 136　正解 **1**

I さんは頭部打撲後に足元がふらついており、脳振盪が疑われる状況です。脳振盪が疑われる場合、本人がプレーの継続を希望しても、中止させるべきです。

公式テキスト➡ p.52

問 137　正解 **4**

成長期のスポーツでは、適度な休息を取り入れ、オーバートレーニングにならないよう練習を検討する必要があります。腰椎分離症は腰椎に生じる疲労骨折であり、そのほとんどが成長期に発症します。早期の診断が重要なので、医療機関を受診して診断することが大切です。 公式テキスト➡ p.60～61

問 138　正解 **3**

頚椎の外傷を疑う場合、現場で不用意に動かすと神経の症状を悪化させる可能性があり、頚部の保護に十分注意する必要があります。K さんは手足の力が入らない状況で、頚髄損傷を疑う状況であり、救急要請が必要となります。

公式テキスト➡ p.56～57

問 139　正解 **4**

腰椎椎間板ヘルニアのアスリハでは、下肢および体幹の柔軟性や安定性を高めることが重要ですが、症状がひどい時期は無理をせず、症状が治まった後にトレーニングを段階的に進めることが基本です。 公式テキスト➡ p.59

問 140　正解 **3**

肘関節脱臼は、手をついて転倒した際に肘が正常範囲を超えて伸展された場合に生じるケガで、柔道やレスリングなどのスポーツで多く起こります。肩関節脱臼と比べ、脱臼を繰り返すことは少ないですが、脱臼時に生じた靭帯損傷の影響で、不安定感を残すことがあり、脱臼の整復後は 2～3 週間のシーネ固定を行い、局所の安静を保つ必要があります。シーネで肘関節を固定している間も手の指はよく動かしておきましょう。肩を動かしても問題ありません。

公式テキスト➡ p.78

問141 正解 3

成長期の野球肘で肘の外側に痛みを生じる外側型の場合、上腕骨小頭の離断性骨軟骨炎が疑われます。外側型の場合、見つかった時にはすでに進行しているケースもあり、手術が必要となることもあります。 公式テキスト➡ p.72〜73

問142 正解 1

手関節を反らす筋肉（手関節背屈筋群）の始まりの部分である上腕骨外側上顆に負担が蓄積し、肘の外側に痛みを生じるものをテニス肘、上腕骨外側上顆炎と呼びます。テニスの場合、Pさんのようにバックハンドストロークが原因となりますが、実際にはものを握る様々な動作が原因となって起こるため、日常よく遭遇する疾患の一つです。 公式テキスト➡ p.76〜77

問143 正解 3

突き指をした場合、まずはアイシングと固定により患部の安静を保つことが重要です。受傷直後に痛みや腫れの程度が軽度でも、DIP関節を伸ばせない場合は、医療機関を受診することを推奨します。 公式テキスト➡ p.80

問144 正解 3

膝前十字靭帯損傷の手術前のアスリハでは、可能な範囲で膝の機能を改善しておくことが推奨されます。手術後のアスリハでは、術後早期は炎症を抑え、術後1か月では膝機能の改善とともに正常歩行の獲得、術後3か月前後でジョギングとなります。ジャンプやステップなどの動作トレーニングは術後4か月以降に行われることが一般的です。 公式テキスト➡ p.140〜142

問145 正解 3

成長期の脛骨粗面は力学的に弱いため、この部位に繰り返し負荷が加わると痛みが生じます。これはオスグッド病と呼ばれ、このケガを最初に報告した米国の整形外科医の名前が由来となっています。 公式テキスト➡ p.92

問 146 正解 **3**

腰椎椎間板ヘルニアの治療は、基本的には保存治療です。軟性のコルセットを着用して患部を安静に保ちながら段階的にリハビリテーションを進め競技復帰を目指します。全身運動においては、下肢や肩甲骨の動きも腰部の負荷に影響するため改善することが重要です。水泳でも腰部への負担は少なくないため、症状によっては控える必要があります。 公式テキスト➡ p.58～59,118～123

問 147 正解 **4**

足関節捻挫は、スポーツ外傷の中でも最も頻度が高いケガの一つです。歩行が困難な重症な足関節の捻挫では、受傷後の RICE 処置が特に重要です。患部を牽引したり、温めることは 2 次的な損傷や炎症症状の増悪を招きます。足関節捻挫は靭帯損傷のことですが、現場では専門家でないと足関節の外側にある腓骨の骨折と区別が難しいため、医療機関を受診して適切な処置、指導を受けましょう。

公式テキスト➡ p.96～97

問 148 正解 **3**

中高年のスポーツ障害として、アキレス腱炎は頻度の高い疾患の一つです。アキレス腱は足関節の後方に直接触れることができます。下腿三頭筋のストレッチを中心とした保存治療が行われます。 公式テキスト➡ p.103

問 149 正解 **4**

第 5 中足骨近位部の疲労骨折をジョーンズ骨折と呼びます。この部位はジャンプやステップ動作で負荷が加わりやすい場所で、一度治癒しても再発しやすく、金属のスクリューを挿入する手術が行われることもあります。

公式テキスト➡ p.107

問 150 正解 3

スポーツ動作中などに、直接の外力ではなく自分の筋力によって筋肉が断裂してしまうケガのことを肉離れと呼びます。大腿裏の筋肉であるハムストリングの肉離れは頻度が高く、加速走行やダッシュで生じることが多いケガです。このケースは大腿前面ではなく後面を痛がっていたので大腿四頭筋ではなく、ハムストリングの肉離れが疑われます。筋挫傷とは打撲などの直接の外力で起こる筋肉の損傷のことです。

公式テキスト➡ p.108

問 151 正解 1

遅発性筋痛は強度の高い運動後に数時間から数日遅れて筋肉が痛む症状です。筋挫傷は筋に直接外力が加わり筋が損傷するものです。筋断裂は肉離れともいわれ、着地やダッシュで筋肉が強く収縮したときに筋肉と腱の境目などが損傷するものです。

公式テキスト➡ p.108

問 152 正解 3

コルセットを着用している期間中のアスリハでは疲労骨折部に負担をかけないために、腰を過度に反らしたり、回旋する動作やトレーニングは控えた方がいいでしょう。この期間は、腰への負担を軽減するために下肢や肩甲骨周囲のストレッチや筋力トレーニングを主に行いましょう。ハムストリングのタイトネスの改善は特に重要になります。

公式テキスト➡ p.61,120〜121

問 153 正解 2

遅発性筋痛は強度の高い運動後に数時間から数日遅れて筋肉が痛む症状です。筋挫傷は筋に直接外力が加わり筋が損傷するものです。肉離れは筋断裂ともいわれ、着地やダッシュで筋肉が強く収縮したときに筋肉が部分断裂を起こすものです。足がつることは筋けいれんと呼ばれます。

公式テキスト➡ p.108

問 154　正解 **2**

半月板損傷はジャンプ動作や切り返し動作などで膝を急激に捻った際に生じるケガです。前十字靭帯損傷に合併して起こることもよくありますが、単独の損傷も見られます。症状が軽度な場合には保存治療が選択される場合もあり、損傷した部分に過度なストレスをかけないために、膝が内側に入る動きの修正、正しい姿勢のスクワット（膝を前に出したスクワットは適切でなく、下の写真のような姿勢が良いスクワット姿勢です）、股関節の筋力トレーニング、体幹トレーニング、などが行われます。　公式テキスト➡ p.140,142

問 155　正解 **2**

コルセットは入浴時や就寝時以外は着用して疲労骨折部が癒合することを目指します。コルセットを着用している期間中のリハビリテーションでは疲労骨折部に負担をかけないように腰を反らす動作や回旋する動作は控えた方が良いでしょう。この期間は、腰への負担を軽減するために下肢や肩甲骨のストレッチやトレーニングをしっかり行うことが推奨されます。とくにハムストリングなどの股関節周囲筋のストレッチが重要です。　公式テキスト➡ p.61,120～121

問 156　正解 **4**

フェアプレーの精神は最も重要なスポーツの価値の一つであり、ドーピングはフェアプレーに反する不誠実な行為として全世界で禁止されています。アンチドーピングの知識は、ドーピング検査を受けるトップアスリートだけではなく、スポーツに関わる全ての人に必要な知識です。風邪薬や漢方薬、サプリメントにもドーピング違反の物質が含まれていることもあり、注意が必要です。自信がない場合には、ドーピングに詳しい医師や薬剤師に相談してから服用することが勧められます。　公式テキスト➡ p.182～183

問 157　正解 **4**

熱中症とは暑さで生じる障害の総称です。熱中症が疑われたら、その日の練習を継続することは避ける必要があります。汗では水分と同時に塩分も失われるため、スポーツドリンクなどで水分と塩分を補給する必要があります。

公式テキスト➡ p.178～179

問 158 正解 **4**

気管支喘息は、アレルギーなどが原因で気道が過敏になり、咳や喘鳴（呼吸時にゼーゼーと音がすること）、呼吸困難が生じる疾患で、寒い時期の運動が刺激となって症状が起こるものもあります。 公式テキスト➡ p.176

問 159 正解 **1**

風邪薬や漢方薬、サプリメントにもドーピング違反の物質が含まれていることがあるため注意が必要です。女性アスリートが月経を調整するために使用することがある低用量ピルにはドーピング禁止物質は含まれていません。

公式テキスト➡ p.182～183

問 160 正解 **2**

心臓震盪では、潜在的な不整脈や冠動脈疾患がない若い人でも、胸部への衝撃によって致死的不整脈が誘発されて、命を落とすことがあります。こういった心肺停止の現場に居合わせることはまれなことですが、スポーツに関わる人は、もしもの場合に備えて、心肺蘇生法やAED使用法の知識を持っている必要があります。 公式テキスト➡ p.169

問 161 正解 **2**

風邪などによる体調不良がある際は、体温調整能力が低下して熱中症を起こしやすくなります。意識障害を認めた場合は、生命の危険がある熱射病を疑い、すぐに救急要請するとともに全身を冷却する必要があります。

公式テキスト➡ p.178～179

問 162 正解 **4**

海外遠征では気候の違い、時差などを考慮し十分な対策が必要です。医療保険の違いや、現地で流行している感染症などについても情報を集めておくことが重要です。 公式テキスト➡ p.180～181

問 163　正解 **1**

ドーピング検査は競技能力を増幅させる可能性がある手段（主に薬物）を不正に使用するのを防止するために行うものです。風邪薬や漢方薬、サプリメントなどにもドーピング違反の禁止物質が含まれていることがあり、安易に飲むべきではありません。軽い喉の痛み程度であれば、薬には頼らず、適切な水分補給と十分な睡眠をとって免疫力を上げることが大切です。　公式テキスト➡ p.182〜183

問 164　正解 **3**

海外遠征では気候、時差、飲食物の違い等により体調を崩すことも多いので注意を要します。ジェットラグ（時差ぼけ）は 4〜5 時間以上の時差がある場合に生じやすく、睡眠障害、日中の眠気、頭痛、疲労感、食欲不振などを生じます。現地ではできるだけ生水や生の食材を摂らないよう注意します。また、現地で流行している感染症情報を把握し事前に予防接種を受けるなどの対策も必要となります。海外でけがが発生した場合の医療保険の加入について検討することや、メディカルバッグを準備しておくも大切です。　公式テキスト➡ p.180〜181

問 165　正解 **2**

ドーピング検査は競技能力を増幅させる可能性がある手段（主に薬物）を不正に使用するのを防止するために行うものです。TUE は大会の 30 日前までに申請する必要があります。ドーピング違反物質を含んでいると知らずにうっかり薬を使用した場合でもドーピング違反になります。喘息薬は気管支拡張薬やステロイドなどのドーピング違反薬にあたるものが含まれています。

公式テキスト➡ p.182〜183

2級試験

問題編

A スポーツの知識

スポーツに携わる上では誰でも知っておきたいスポーツの基本的な知識が問われます。

B 身体の知識

運動に必須である骨、筋肉、関節などの運動器の解剖の知識のほか、全身の臓器の基本的な知識が問われます。

C スポーツのケガ・故障の知識

頭部、顔面、脊椎、四肢など各部位におけるスポーツのケガ・故障の知識が問われます。

D アスリハの知識

アスレティック・リハビリテーションに関する知識が問われます。

E スポーツ医学全般の知識

スポーツと栄養、熱中症、障がい者スポーツ、アンチ・ドーピングなど、スポーツ医学全般の知識が問われます。

F ケーススタディ

個別のケースを例にとった形式で、身体、スポーツのケガ・故障、アスリハ、スポーツ医学全般の知識が問われます。

スポーツの基礎知識

問 1

パラリンピックの起源は、1948 年にイギリスの病院で脊髄損傷後のリハビリテーションとして行われていた競技会です。パラリンピックに含まれない障がいを持つ選手が参加する「デフリンピック」と呼ばれる競技会の対象となる障がいとして、適切なものを選びなさい。

(1)　視覚障がい
(2)　聴覚障がい
(3)　知的障がい
(4)　運動機能障がい

問 2

2020 年の東京オリンピックまで、あと 2 年となりました。ホスト国として、日本選手への応援だけでなく、海外からやってくる選手やスタッフ、また応援団への「おもてなし」も必要となってきます。そのオリンピックのシンボルでもある、5 つの輪が重なって連結した形の「オリンピックマーク」が意味するものとして、正しいものを選びなさい。

(1)　世界の 5 つの大陸
(2)　ギリシャ神話に出てくる 5 つの神
(3)　第 1 回大会で採用された 5 つのスポーツ
(4)　スポーツに大切な 5 つの関節

問 3

2018 年 6 月から、サッカーのワールドカップがロシアで開催されます。ワールドカップ参加のために登録される選手は 23 人までとされていますが、サッカーの試合は 1 チーム何人で行われるか選びなさい。

(1)　5 人
(2)　11 人
(3)　15 人
(4)　22 人

問 4

スポーツインテグリティとはスポーツがさまざまな脅威により欠けることなく、価値ある状態であることを指します。さまざまな脅威として適切でないものを選びなさい。

（1） 暴力・ハラスメント
（2） 八百長
（3） フェアプレイ
（4） ドーピング

問 5

2018 年の 6 月にロシアでサッカーのワールドカップが開催され、日本代表が決勝トーナメントに進出したこともあり大変盛り上がりました。2019 年の 9 月から 11 月には、日本で別の競技のワールドカップが開催される予定となっています。その競技はどれか、選びなさい。

（1） バスケットボール
（2） ラグビー
（3） 野球
（4） 陸上競技

問 6

大相撲は 1 年に 6 回本場所が開催され、時期により開催場所が異なります。1 月の初場所が行われる国技館のある開催地を選びなさい。

（1） 東京
（2） 大阪
（3） 名古屋
（4） 福岡

問 7

骨は一度作られた後ずっとそのままではなく、骨を作ることと壊すことがバランスを保ちながら常に行われます。女性の閉経や運動性無月経が原因となり、骨を壊す量が作る量を上回り、骨の密度が低下してもろくなる状態の名称を選びなさい。

(1)　骨粗しょう症
(2)　骨形成
(3)　開放骨折
(4)　骨吸収

問 8

関節の運動は、大脳からの指令が神経を伝わり、骨と骨を連結している筋肉を収縮させることで起こります。次のうち、自分の意志で動かすことができる骨格筋でないものを選びなさい。

(1)　棘上筋
(2)　平滑筋
(3)　腸腰筋
(4)　上腕二頭筋

問 9

大脳からの指令は、神経を伝わって筋肉を収縮させ、関節の運動が起こります。筋肉の収縮と関節の運動の組み合わせとして、適切なものを選びなさい。

(1)　三角筋の収縮　→肩関節の内転
(2)　上腕二頭筋の収縮　→肘関節の屈曲
(3)　大腿直筋の収縮　→股関節の伸展
(4)　前脛骨筋の収縮　→足関節の底屈

問10

呼吸器系とは、鼻と口に始まり、[a]から左右の気管支、肺へと続く空気の通り道となる器官のことを指します。呼吸では、[b]、肋間筋、腹部筋などの筋肉の働きで胸郭が動くことが不可欠です。[a]、[b]に当てはまる組織の名称として適切なものを選びなさい。

（1） a. 肺胞、b. 横隔膜
（2） a. 気管、b. 横隔膜
（3） a. 肺胞、b. 腓腹筋
（4） a. 気管、b. 腓腹筋

問11

心臓は筋肉でできており、血液をポンプのように送り出す働きがあります。身体を循環している血液は、全身で酸素が使われて二酸化炭素を多く含む血液となり、心臓に戻った後、[a]から肺に送り出されます。肺で酸素を多く含む血液となって心臓に戻った後、[b]から再び全身に送り出されます。[a]と[b]の組み合わせとして、適切なものを選びなさい。

（1）a. 右心室、b. 左心房
（2）a. 右心室、b. 左心室
（3）a. 右心房、b. 左心房
（4）a. 右心房、b. 左心室

問12

循環、呼吸に関する記述として適切なものを選びなさい。

（1） 全身に酸素を供給した血液は左心房に戻り、左心室から肺へ送られる。
（2） 激しい運動を長期間続けると安静時の脈も早くなる。
（3） 肺胞にある筋肉の働きにより息を吸うことができる。
（4） 最大酸素摂取量は持久系アスリートの呼吸循環機能の指標として用いられる。

上肢の知識

問 13

肩甲骨が構成する関節として適切なものを全て選びなさい。

(1) 肩鎖関節

(2) 肩甲上腕関節

(3) 近位橈尺関節

(4) 胸鎖関節

問 14

肩鎖関節、肩関節を構成する肩甲骨に起始をもつ筋肉として適切なものを全て選びなさい。

(1) 三角筋

(2) 棘上筋

(3) 上腕二頭筋

(4) 肩甲下筋

問 15

上腕の背側にある［ a ］は、肩甲骨と上腕骨から始まり、肘の背側にある尺骨に付着し、肘関節を伸ばす働きをします。［ a ］に当てはまる筋肉の名称として適切なものを選びなさい。

(1) 上腕三頭筋

(2) 上腕筋

(3) 腕橈骨筋

(4) 上腕二頭筋

問 16

手の指（示指から小指）の骨を遠位から順に適切に並べなさい。

(1) 中手骨、基節骨、中節骨、末節骨

(2) 基節骨、中手骨、中節骨、末節骨

(3) 末節骨、中手骨、中節骨、基節骨

(4) 末節骨、中節骨、基節骨、中手骨

問 17

肩甲骨は、周囲の骨と靭帯や筋を介して関節を形成しています。肩甲骨と関節を形成する骨として、適切でないものを選びなさい。

(1) 上腕骨
(2) 鎖骨
(3) 胸骨
(4) 肋骨

問 18

肘関節の内側では上腕骨内側上顆を触れることができ、その近くには肘をぶつけたときに手にしびれを生じさせる神経が走っています。この神経の名称として、適切なものを選びなさい。

(1) 尺骨神経
(2) 橈骨神経
(3) 腋窩神経
(4) 正中神経

問 19

上肢の解剖学に関する記述として適切なものを選びなさい。

(1) 肩関節は、人体で最も可動域が大きい関節である。
(2) 上腕骨外側上顆の近くには尺骨神経が走行している。
(3) 手関節は橈骨、尺骨、基節骨により構成されている。
(4) 母指には中手骨がない。

問 20

肩の筋肉のうち、表層にあり大きな力を発揮するものをアウターマッスルといいます。次のうちアウターマッスルとして適切でないものを選びなさい。

(1) 三角筋
(2) 大胸筋
(3) 小円筋
(4) 広背筋

問 21

図の★印はランニングで痛みを生じやすい脛骨内側部の鵞足と呼ばれる部位です。鵞足に停止する筋肉で適切なものを選びなさい。

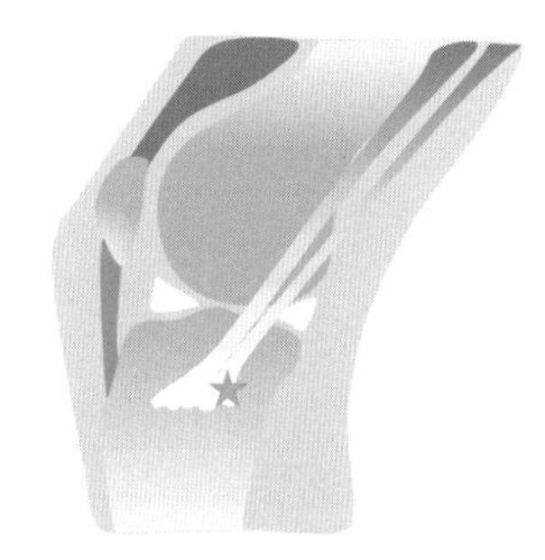

(1) 大腿二頭筋
(2) 半腱様筋
(3) 大腿筋膜張筋
(4) 大腿四頭筋

問 22

脊椎と骨盤を連結している、図の［ a ］の関節を構成する骨の名称として、適切な組み合わせを選びなさい。

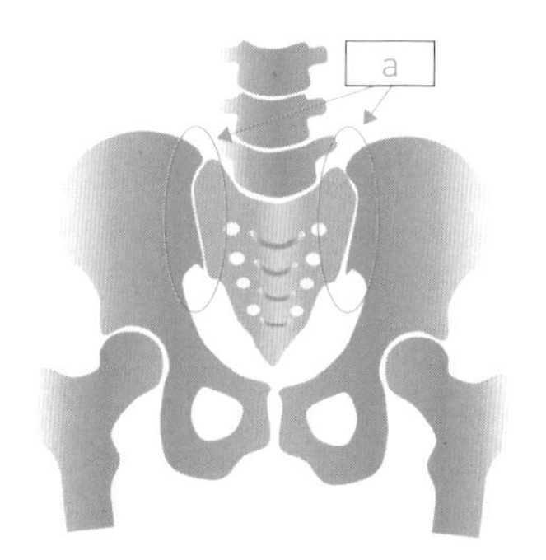

(1) 仙骨　と　尾骨
(2) 腰椎　と　仙骨
(3) 恥骨　と　腰椎
(4) 仙骨　と　腸骨

問 23

成長期に生じる主なスポーツ障害として、オスグッド病があります。オスグッド病で痛みを生じる、図の★印で示した膝蓋腱付着部の名称について、適切なものを選びなさい。

(1) 脛骨粗面
(2) 脛骨内果
(3) 上前腸骨棘
(4) 下前腸骨棘

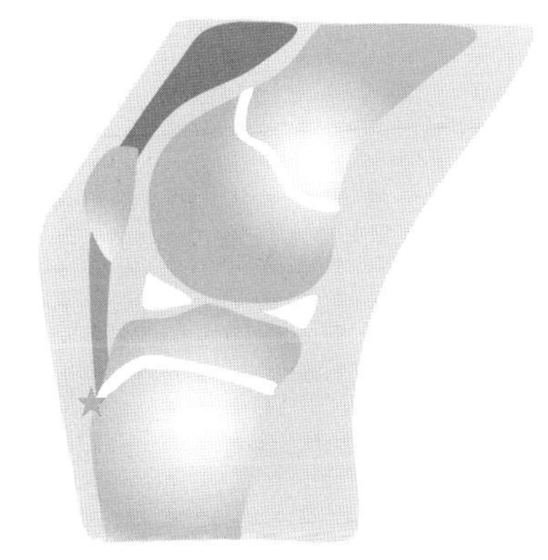

問 24

下腿三頭筋を構成する筋肉を 2 つ選びなさい後面にある［ a ］と［ b ］は、膝の裏から始まってアキレス腱となり、踵骨に付着しています。［ a ］と［ b ］に入る筋肉として適切なものを選びなさい。

(1) ヒラメ筋と後脛骨筋
(2) 腓腹筋と後脛骨筋
(3) 腓腹筋とヒラメ筋
(4) 長腓骨筋と短腓骨筋

問 25

足関節は、脛骨、腓骨、［ a ］によって形成される関節です。［ a ］の後方には足関節の底屈時の痛みの原因となる三角骨があります。［ a ］にあてはまる骨として、適切なものを選びなさい。

(1) 中足骨
(2) 距骨
(3) 踵骨
(4) 舟状骨

問 26

大腿の前面には 4 つの筋肉から構成される大腿四頭筋があり、筋の収縮により膝が伸展されます。次のうち、大腿四頭筋を構成する筋として適切でないものを選びなさい。

（1） 中間広筋

（2） 大腿直筋

（3） 大腿筋膜張筋

（4） 内側広筋

脊椎の知識

問 27

脊椎に関する記述として、適切でないものを選びなさい。

（1） 顔を左右に回すような頚椎の回旋運動は、主に第 1 頚椎と第 2 頚椎の関節で生じている。

（2） 胸椎は頚椎に続く 12 個の骨で構成され、肋骨とつながっている。

（3） 脊椎の椎体の間には、軟骨の一種でクッションの役割をする半月板がある。

（4） 腰椎は仙骨につながり、仙骨は骨盤の一部である腸骨と仙腸関節をなす。

問 28

肩こりの原因にもなる後頭骨・頚椎・胸椎と肩甲骨をつなぐ筋肉を選びなさい。

（1） 僧帽筋

（2） 肩甲挙筋

（3） 広背筋

（4） 肩甲下筋

問 29

腸腰筋は、［ a ］と大腰筋・小腰筋の総称であり、骨盤内にあって股関節を曲げる働きをしています。［ a ］に入る筋肉として適切なものを選びなさい。

（1） 腹直筋

（2） 腸骨筋

（3） 中殿筋

（4） 腸肋筋

問 30

脊椎は、頚椎、胸椎、腰椎、仙骨から構成され、体を支え、脊髄を保護する役割があります。通常ヒトでは、それぞれ頚椎[a]個、胸椎[b]個、腰椎[c]個あります。[a]、[b]、[c]の組み合わせとして、適切なものを選びなさい。

(1) a.5　b.10　c.7
(2) a.7　b.10　c.5
(3) a.7　b.12　c.5
(4) a.5　b.12　c.7

問 31

腰椎と大腿骨をつなぎ、歩行やランニングで股関節の屈曲や安定化に重要な働きをする筋肉を選びなさい。

(1)　最長筋
(2)　腸腰筋
(3)　大殿筋
(4)　腸肋筋

問 32

体幹の筋肉に関する記述として適切なものを選びなさい。

(1)　僧帽筋は体幹の背側にあるインナーマッスルの一つである。
(2)　腸骨筋と大殿筋・小殿筋を合わせて腸腰筋と呼ぶ。
(3)　腹直筋が収縮すると胸椎や腰椎が伸展する。
(4)　横隔膜は呼吸を補助する筋肉の一つである。

現場での処置・心配蘇生

問 33

スポーツのケガは大きく分けてスポーツ外傷とスポーツ障害に分類されます。スポーツ障害の原因として、適切でないものを選びなさい。

（1）　不良な動作フォーム
（2）　柔軟性の不足
（3）　オーバーユース
（4）　一度の強い外力

問 34

心肺蘇生に関する記述として、適切でないものを選びなさい。

（1）　胸骨圧迫は 1 分間に 50～60 回程度のテンポで行う。
（2）　胸骨圧迫は救急隊に引き継ぐまで、または通常の呼吸に戻るまで続ける。
（3）　AED が到着したら速やかに電源を入れて電極パッドを貼る。
（4）　胸骨圧迫は胸が 5 ㎝程度沈むように圧迫する。

問 35

心肺蘇生に関する記述として適切なものを選びなさい。

（1）　死戦期呼吸と判断したが、心肺蘇生は行わなかった。
（2）　呼吸の有無を確認するため、口と鼻を目視で観察する。
（3）　一般の人が心肺蘇生を行う場合、気道確保や人工呼吸は必ずしも必要ではない。
（4）　一般の人が心肺蘇生を行う場合、胸骨圧迫は必ずしも必要ではない。

問 36

頭部外傷はコンタクトプレーが多いスポーツで発生しやすいことが知られています。頭部外傷の記述として、適切なものを選びなさい。

（1）　意識消失がなければ、脳振盪ではない。
（2）　急性硬膜下血腫は、生命の危険に影響のない軽微な外傷である。
（3）　頭蓋骨の骨折が生じたときにのみ、脳振盪が生じる。
（4）　頭部が強く揺さぶられることで、脳振盪が生じることがある。

問 37

脳振盪後のスポーツ復帰は、段階的競技復帰プロトコールが推奨されており、各段階は 24 時間以上あけ、症状がなければ次の段階に進むことができます（復帰には少なくとも約 1 週間をかけます）。Step 3 と Step 5 として適切な組み合わせを選びなさい。

(1)　Step 3 スポーツに関連した運動（ランニングなど）、Step 5 メディカルチェックを受け接触プレー開始
(2)　Step3 接触プレーのない運動、 Step 5　競技復帰
(3)　Step 3 メディカルチェックを受け接触プレー開始、 Step 5 競技復帰
(4)　Step 3 軽い有酸素運動、 Step 5 メディカルチェックを受け接触プレー開始

問 38

脳振盪などの頭部外傷は、重篤な後遺症を残すことがあり、その初期対応は大変重要です。日本臨床スポーツ医学会による「頭部外傷 10 か条の提言」の中で、ただちに救急搬送する必要があるとされる症状に含まれないものを選びなさい。

(1)　急激に悪化する意識障害
(2)　けいれん
(3)　めまい
(4)　言語障害

頭部・顔面のケガ

問 39

頭頸部外傷を受傷したプレーヤーを搬送する際の手順として、適切なものを選びなさい。

(1)　プレーヤーに意識がない場合、頚椎を保護する必要はない。

(2)　Log Roll 法でも Lift and Slide 法でもプレーヤーの頭側の人が頚椎を保護する。

(3)　Log Roll 法は 2 人で担架に乗せる方法である。

(4)　Lift and Slide 法では、プレーヤーを片側に 90°身体を回転させ、ボードを挿入する。

問 40

急性硬膜下血腫と脳振盪は、同様の受傷機転によって生じ、初期の症状ではどちらか判断が難しいため、その違いを理解しておくことが重要です。急性硬膜下血腫に関する記述として、適切でないものを選びなさい。

(1)　脳と硬膜をつなぐ血管が損傷して起こる。

(2)　早急に血腫を除去する手術が必要な場合がある。

(3)　治癒すれば、必ず元の競技に復帰できる。

(4)　死亡事故や重篤な後遺症につながる頭部スポーツ外傷の中で最も頻度が高い。

問 41

脳振盪を起こした後は段階的競技復帰のプロトコールに従うことが推奨されており、成人では各段階は 24 時間以上あける必要があります。段階的競技復帰のプロトコールの記載として、適切なものを選びなさい。

(1)　step 2：完全休養

(2)　step 3：軽い有酸素運動（ウォーキング）

(3)　step 4：スポーツに関連した運動（ランニング）

(4)　step 5：メディカルチェック後に接触プレー

問42

鼻出血に関する記述として、適切なものを選びなさい。

(1)　鼻出血を早く止めるためには、仰向けの姿勢をとった方が良い。

(2)　鼻出血を早く止めるためには、ティッシュを詰めて鼻の硬い根元の部分を圧迫して押さえたほうが良い。

(3)　鼻骨を骨折している場合はその場で直ちに徒手整復する必要がある。

(4)　鼻出血の多くは、比較的浅い位置にあるキーゼルバッハ部位からの出血である。

問43

顔面の構造や外傷に関する記述として、適切なものを選びなさい。

(1)　鼻は全て軟骨からできており、骨はない。

(2)　歯の矯正治療中は口腔内の外傷予防のため、スポーツをしてはならない。

(3)　眼の外傷後に蚊が飛ぶように見える症状は、網膜の損傷が考えられる。

(4)　鼻出血した際は、上を向くと止血されやすい。

問44

意識障害の評価に使用されるJapan Coma Scaleに関する記述として、適切なものを選びなさい。

(1)　声を掛けて覚醒すればⅠである。

(2)　意識障害は短時間で大きく変化しないため、評価は1回すれば十分である。

(3)　覚醒の判断基準は開眼である。

(4)　痛みを与えても、全く反応しないのは0である。

問45

スポーツ中の歯牙の欠損や脱臼に関する記述として、適切でないものを選びなさい。

(1)　予防にマウスガードが重要である。

(2)　脱臼しても、もう一度元の位置に戻すことができることもある。

(3)　歯牙の損傷に顎骨の骨折が合併することはない。

(4)　保存液がなかったため、脱臼した歯牙を牛乳にいれて保管した。

問 46

頭部の打撲に関する記述として適切なものを選びなさい。

(1) 意識が清明だったため、試合後の経過は特に注意しなかった。

(2) 一時的に意識が不明瞭となったが回復したため、すぐに競技に復帰した。

(3) 頭部打撲後、嘔吐を繰り返すため医療機関を受診した。

(4) 頭部打撲後、呼吸障害に注意する必要はない。

頚椎のケガ

問 47

頚髄損傷の記述として、適切なものを選びなさい。

(1) 受傷直後に不用意に頚椎を動かすと、頚髄損傷を悪化させることがある。

(2) 損傷部位が頚椎でも高位にあった場合、麻痺の症状は軽い。

(3) 頚髄損傷で下肢が麻痺することはない。

(4) 頚部の筋力強化は予防に有用ではない。

問 48

成長期のスポーツ選手に生じる腰椎分離症の記述として、適切でないものを選びなさい。

(1) 腰椎に生じる疲労骨折である。

(2) 腰を反らしたときに腰痛を自覚することが多い。

(3) 初期に発見され、適切な治療を行えば骨の癒合を得られることが多い。

(4) 腰を直接ぶつけて受傷することが多い。

問49

図は、腰椎を横から見た模式図です。成長期のスポーツ選手に生じる腰椎分離症で疲労骨折が生じる部位として、適切なものを選びなさい。

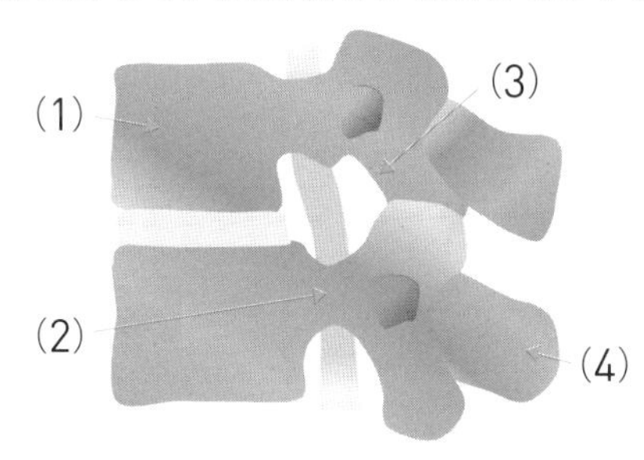

問50

頚部の外傷に関する記述として、適切なものを選びなさい。

(1)　頚髄損傷では、上位の損傷であるほど残存する機能は多くなる。
(2)　水深の深いプールへの飛び込みは頚髄損傷の発生リスクとなる。
(3)　頚椎の脱臼を治す手術は頚髄自体の損傷を改善させるために行う。
(4)　頚椎椎間板ヘルニアでは、椎間板の一部が突出し脊髄や神経を圧迫する。

問51

腰椎分離症と腰椎椎間板ヘルニアは、どちらも成長期の腰痛の原因として多い疾患です。腰椎分離症の症状に関する記述として、適切なものを選びなさい。

(1)　下肢や殿部の痛みが主な症状である。
(2)　腰を曲げた時（前屈時）の痛みが主な特徴である。
(3)　痛みが軽度の場合、医療機関を受診せずに放置されることもある。
(4)　進行期には下肢の筋力が低下する麻痺症状が出現する。

問 52

下位の頸髄損傷（第 7 頸髄完全麻痺）で出現する症状として、適切でないものを選びなさい。

(1)　下肢の深部腱反射亢進

(2)　下肢の麻痺

(3)　体幹保持困難

(4)　呼吸障害

問 53

腰椎椎間板ヘルニアの記述として、適切なものを選びなさい。

(1)　腰椎椎間板ヘルニアがあれば必ず手術が選択される。

(2)　突出したヘルニアがあれば、神経に接していなくても下肢のしびれや痛みが出る。

(3)　進行しても下肢が完全に麻痺することはない。

(4)　仰向けで膝を伸展したまま下肢を挙上させた際の、患側での神経痛の有無は診断に用いられる。

肩のケガ

問 54

骨は捻りの力が加わることで骨折することがあります。投球動作や腕相撲などの動作で骨折することがある骨として、最も適切なものを選びなさい。

(1)　鎖骨

(2)　橈骨

(3)　上腕骨

(4)　尺骨

問 55

肩関節を脱臼すると再度脱臼を繰り返す選手が少なくありません。肩関節脱臼に関する記述として、適切なものを選びなさい。

(1)　脱臼しても自然に整復されることがある。
(2)　野球選手ではバッティングで生じることが多い。
(3)　上腕骨頭が後方にずれる脱臼が多い。
(4)　筋力トレーニングにより関節唇が修復され、再脱臼を予防できる。

問 56

図は、投球で腕を挙上した際の右肩関節の模式図です。投球動作により生じるリトルリーガーズショルダーにおいて損傷する部位と名称で適切な組み合わせを選びなさい。

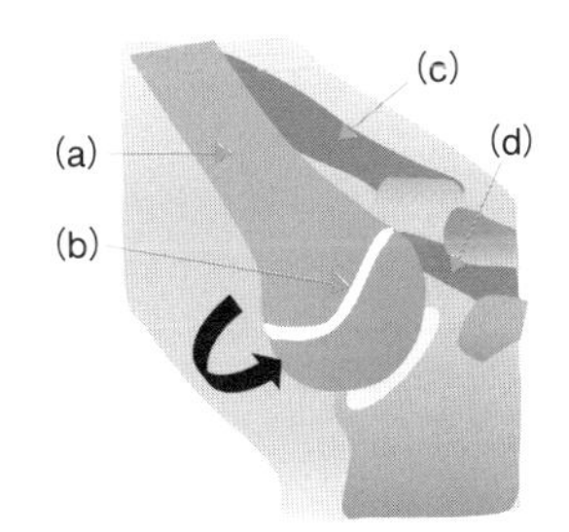

(1) a ― 上腕骨近位骨端線
(2) b ― 上腕骨近位骨端線
(3) c ― 腱板
(4) d ― 腱板

問 57

肩関節の脱臼は再発しやすいスポーツ外傷の一つです。肩関節脱臼に関する記述として、適切なものを選びなさい。

(1)　脱臼したら自然に整復されることはない。
(2)　初めて脱臼した直後は、痛みはなく肩関節を正常に動かすことができる。
(3)　上腕骨頭が後方にずれて脱臼することが多い。
(4)　野球選手ではヘッドスライディングで生じることが多い。

問 58

投球障害肩の記述として、適切なものを選びなさい。

(1) 肩甲骨の位置不良や安定性低下を改善するためのアスリハが重要である。

(2) 投球相のコッキング期とは、腕を挙上するまでの相である。

(3) 肩では一般的に後方より前方がタイトになりやすい。

(4) 下半身のタイトネスは関係ない。

問 59

肩鎖関節脱臼に関する記述として、適切なものを選びなさい。

(1) 保存的に治療されることもある。

(2) 手術を受けなくても、自然に脱臼が整復されることがある。

(3) 骨折を伴うことはない。

(4) 受傷直後、肩関節は容易に動かせる。

肘・手関節・手指のケガ

問 60

手首をよく使うスポーツで痛みを生じやすい、図の「★印」で示した部位の名称と英語の略称の適切な組み合わせを選びなさい。

(1) 三角線維軟骨複合体 — FCU

(2) 三角線維軟骨複合体 — TFCC

(3) 前下関節唇複合体 — AIGHL

(4) 大腿寛骨臼インピンジメント — FAI

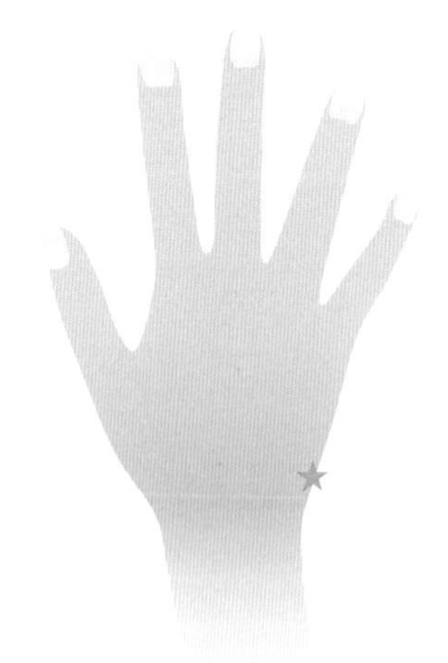

問 61

成長期の野球肘に関する記述として、適切なものを選びなさい。

(1) 内側型は外側型に比べ頻度が少ない。

(2) 外側型は超音波検査では診断できない。

(3) 内側型は早期に手術治療されることが多い。

(4) 上腕骨小頭の離断性骨軟骨炎は外側型の主な原因である。

問 62

ラグビージャージフィンガーで損傷が受ける組織として適切なものを選びなさい。

(1) 第 4 中手骨

(2) 母指 MP 関節側副靭帯

(3) 深指屈筋腱

(4) 伸筋腱

問 63

内側型野球肘に関する記述として、適切なものを選びなさい。

(1) 橈側の障害である。

(2) 成長期では上腕骨の内側上顆の骨端部が骨折することもある。

(3) MRI 検査以外の検査では診断は難しい。

(4) 手術を要するケースはない。

問 64

槌指（マレットフィンガー）の起こる部位として、適切なものを選びなさい。

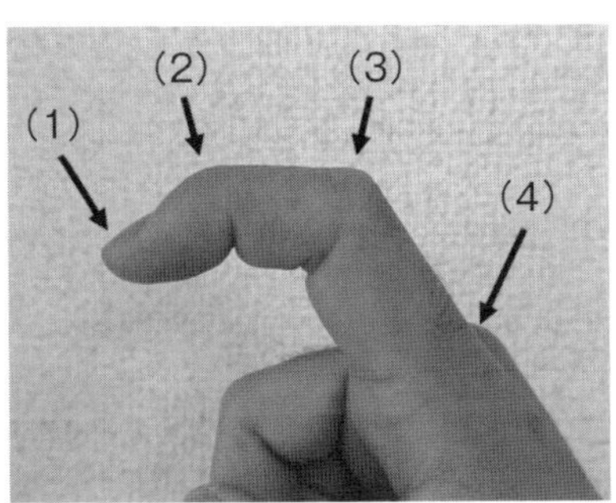

問 65

肘関節の離断性骨軟骨炎が最も多く発生する部位を選びなさい。

(1)　上腕骨小頭

(2)　橈骨

(3)　尺骨

(4)　上腕骨内側上顆

股関節・骨盤のケガ

問 66

成長期では筋肉の付着部の骨が成熟しておらず、筋肉の付着部で骨折を生じることがあります。このような骨折の一つである骨盤裂離骨折について、骨折部と付着筋の組み合わせで、適切なものを選びなさい。

(1)　仙骨 ― 大腿直筋

(2)　恥骨 ― ハムストリング

(3)　坐骨 ― 中殿筋

(4)　腸骨 ― 縫工筋

問 67

股関節痛の原因の一つとして股関節唇損傷があります。下の図において股関節唇はどれか、適切なものを選びなさい。

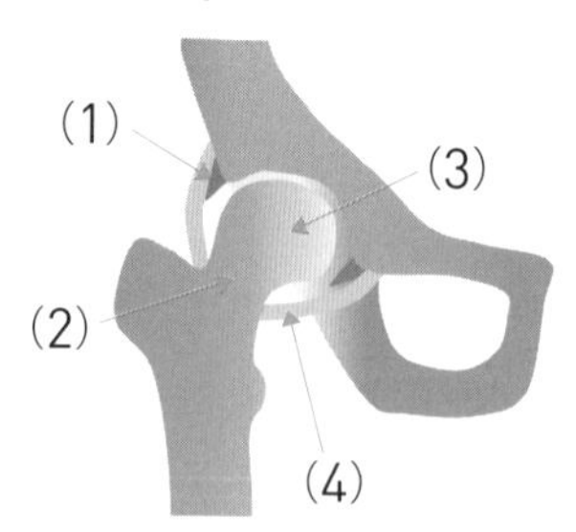

問 68

骨盤剥離骨折の起こる部位と付着筋の組み合わせとして、適切なものを選びなさい。

（1） a — 縫工筋
（2） a — ハムストリング
（3） b — 腸腰筋
（4） b — 大腿直筋

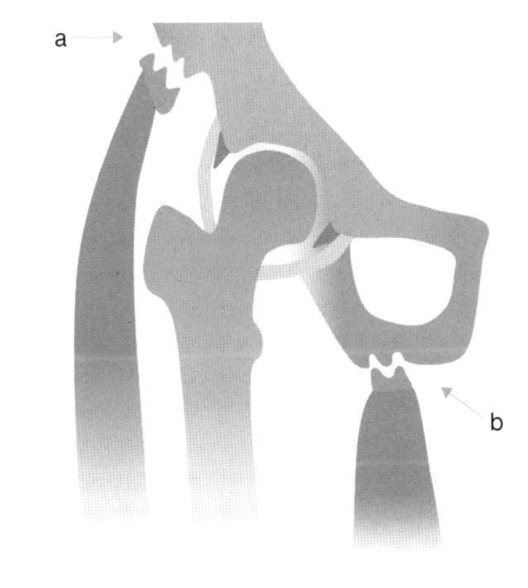

問 69

腸骨から始まり、サッカーのキック動作などで肉離れが生じやすい筋として適切なものを選びなさい。

（1） 大腿直筋
（2） 半膜様筋
（3） 半腱様筋
（4） 大腿二頭筋

膝のケガ

問 70

膝関節の代表的なスポーツ外傷である前十字靭帯損傷の記述として、適切なものを選びなさい。

（1） 切り返しでガクンと膝が外れることをロッキングと呼ぶ。
（2） MRI 検査では診断が難しい。
（3） 非接触性の受傷機転が多い。
（4） 損傷した前十字靭帯は自然治癒しやすい。

問 71

膝関節のスポーツ外傷である後十字靭帯損傷についての記述として、適切なものを選びなさい。

（1） 受傷後に膝が腫れることはまれである。
（2） 膝を地面や床にぶつけて受傷することが多い。
（3） 膝の他の靭帯損傷と同時に起こることはない。
（4） 多くの場合、手術治療が行われる。

問 72

膝蓋骨脱臼に関する記述として適切でないものを選びなさい。

（1） 外側に脱臼することが多い。
（2） 再発する場合がある。
（3） 膝蓋骨の内側にある靭帯が損傷する。
（4） 手術が適応になることはない。

問 73

膝蓋骨脱臼に関する記述として、適切でないものを選びなさい。

（1） 手術が適応になることはない。
（2） 外傷で脱臼すると膝に血液が溜まる。
（3） 関節の弛緩性が影響することがある。
（4） 膝蓋骨の内側にある靭帯が損傷する。

問 74

半月板に関する記述として、適切でないものを選びなさい。

（1） 大腿骨と脛骨の間でクッションの役割を果たす。
（2） 膝の痛みや引っ掛かり感が続く場合は手術が選択される。
（3） 外側半月板と内側半月板がある。
（4） MRI 検査で損傷を認めると必ず痛みを訴える。

問 75

膝の靭帯、半月板の損傷に関する記述として、適切なものを選びなさい。

(1)　前十字靭帯損傷は直接膝をぶつけて受傷することが多い。

(2)　後十字靭帯は脛骨が大腿骨に対して前方に移動するのを制動している。

(3)　内側側副靭帯損傷の治療は手術が第一選択となる。

(4)　損傷した半月板によるロッキングが生じると膝が伸ばせなくなり手術を要することがある。

下腿・足関節・足のケガ

問 76

足部にはさまざまなスポーツ外傷や障害が生じます。足部のケガ・故障でないものを選びなさい。

(1)　ジョーンズ骨折

(2)　足底腱膜炎

(3)　有痛性三角骨

(4)　スキーヤーズサム

問 77

陸上選手などランニングが多いアスリートに発生頻度が高く、a の部位に痛みが生じるスポーツ障害の名称を選びなさい。

（1） 足底筋膜炎

（2） シンスプリント

（3） アキレス腱炎

（4） 外脛骨障害

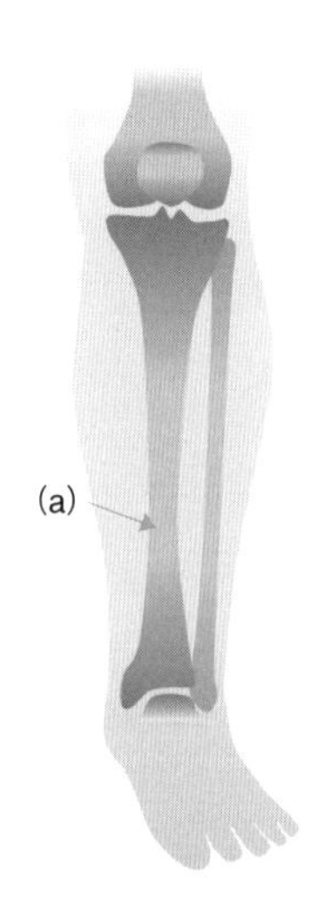

問 78

前足部を捻挫した際にリスフラン関節を痛めることがあります。リスフラン関節の場所として、適切なものを選びなさい。

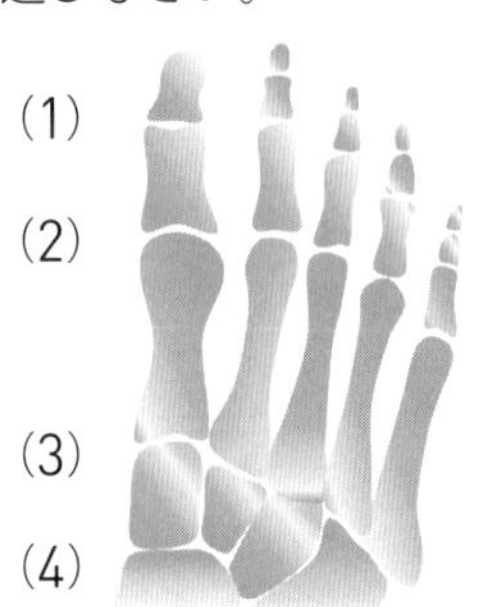

問 79

アキレス腱断裂に関する記述として、適切なものを選びなさい。

(1) 保存治療では、足関節を最大背屈位で固定する。

(2) 下腿三頭筋による足関節の背屈ができなくなる。

(3) 徒手検査で診断することができない。

(4) 競技レベルのスポーツ選手には手術が勧められることが多い。

問 80

足底腱膜炎に関する記述として適切なものを選びなさい。

(1) 単純X線検査で踵骨に変化を認めることはない。

(2) 成長期のランナーで痛みを生じやすい。

(3) 足底腱膜は足のアーチの保持と荷重時の衝撃吸収に重要な役割を果たす。

(4) 股関節や膝関節の機能を高めるためのアスリハは不要である。

問 81

aの部位に生じる疲労骨折の記述として適切でないものを選びなさい。

(1) 治癒しやすいため手術が行われることは通常ない。

(2) ジョーンズ骨折と呼ばれる。

(3) サッカー選手に多い。

(4) 治療にはアスリハが重要である。

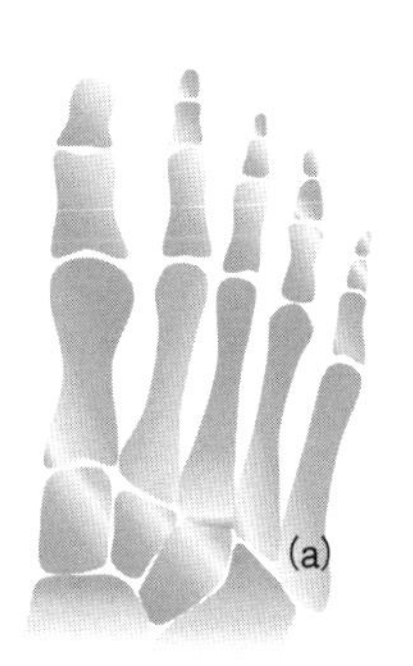

問 82

有痛性三角骨に関する記述として、適切でないものを選びなさい。

(1)　三角骨は成人の約 10%にみられる。

(2)　三角骨とは足舟状骨内側に生じる過剰骨である。

(3)　クラシックバレエなどで足関節の底屈が繰り返されると、痛みを生じやすい。

(4)　症状が続く場合、手術を要することもある。

問 83

中高年のランニング愛好家に多い障害として足底腱膜炎やアキレス腱炎があります。足底腱膜やアキレス腱が付着する骨の名称として、適切なものを選びなさい。

(1)　脛骨

(2)　腓骨

(3)　距骨

(4)　踵骨

問 84

フットボーラーズアンクルで衝突する骨の組み合わせてとして適切なものを選びなさい。

(1)　脛骨 — 腓骨

(2)　脛骨 — 距骨

(3)　踵骨 — 距骨

(4)　踵骨 — 腓骨

骨折・肉離れ

問85

疲労骨折はスポーツ動作の繰り返しによって軽微な外力が骨に蓄積されて発生します。スポーツ競技と発生しやすい疲労骨折の組み合わせで、適切なものを選びなさい。

（1） 第5中足骨基部 — 野球
（2） 肘頭 — サッカー
（3） 第3中足骨 — 陸上長距離
（4） 脛骨骨幹部 — 水泳

問86

肉離れに関する記述として、適切なものを選びなさい。

（1） 軽度の損傷であれば2週間くらいで復帰が可能である。
（2） 腱の断裂や腱が骨に付着する部位での剥離は中程度に分類される。
（3） 中程度の損傷であれば、2週後のダッシュが可能である。
（4） モモカンと呼ばれる。

問87

疲労骨折に関する記述として、適切でないものを選びなさい。

（1） 初期は単純X線検査では見つからず、MRI検査やCT検査により確認されることがある。
（2） 繰り返しの負荷がかかる運動などを休止し、アスリハを主体とした保存治療が第一選択となるが、難治性で手術を要する場合もある。
（3） 恥骨や仙骨などの骨盤の骨にも生じることがある。
（4） 上肢、下肢、骨盤で最も疲労骨折の頻度が高い部位は骨盤である。

問 88

ケガをしてから競技復帰までのプロセスには、段階的なリハビリテーションが必要です。受傷後早期の痛みや炎症の強い時期に実施されるメディカルリハビリテーションの目的として、適切でないものを選びなさい。

（1）　腫れの軽減
（2）　瞬発力の向上
（3）　関節運動の改善
（4）　筋萎縮の予防

問 89

写真に示したアジリティ・トレーニングはどの段階で行われるか、最も適切なものを選びなさい。

（1）　受傷直後
（2）　痛みや炎症の強い時期
（3）　痛みや炎症が軽減し、組織が修復される次期
（4）　痛みや炎症が消失し、組織修復が完了した時期

問 90

アスレティック・リハビリテーション（アスリハ）は、通常のリハビリテーションが目的とする社会復帰の先にある、スポーツ活動に早く安全に復帰させることを目的としています。アスリハを実施する手段として、適切でないものを選びなさい。

（1）　競技動作トレーニング
（2）　基本動作トレーニング
（3）　ドーピングによる筋力増強
（4）　ストレッチなどの運動療法

問 91

女子バスケットボールで取り入れられた前十字靭帯損傷予防プログラムや、FIFA が推奨する準備運動プログラム FIFA11 +（イレブンプラス）など、ケガを予防する意識が高まっています。ケガの予防の記述として、適切でないものを選びなさい。

(1)　運動量や練習量を把握して使い過ぎとなっていないかを検討する。

(2)　不良な競技フォームの改善には、指導者のほか、理学療法士やアスレティックトレーナーの指導を受ける。

(3)　コンディショニング不足による柔軟性低下、筋力不足、バランス不良に対しては、適切なアスリハの指導を受ける。

(4)　成長期には骨の成長速度が筋肉や腱の成長速度より早く、骨端症が生じやすいため、マシンを使った重い負荷での筋力トレーニングを行う。

問 92

ケガをして運動を休止すると全身や筋肉の持久力が低下します。組織が修復された後にアスリハで強度の高い運動を行っていくには、持久力の回復が重要です。次のうち、全身および筋肉の持久力を改善するトレーニングとして適切なものを選びなさい。

(1)　患部周囲の筋持久力を改善するため、高負荷で少ない回数のトレーニングを毎日行う。

(2)　全身持久力を高めるためには，心拍数が 200 回 / 分程度まで上がるトレーニングを継続することが重要である。

(3)　全身持久力の改善には有酸素運動で大殿筋や大腿四頭筋などの大きな筋肉を使うトレーニングが推奨される。

(4)　マッサージによって筋肉を柔らかくすると筋持久力が増す。

問 93

スポーツ現場におけるメディカルチェックの主目的として、適切でないものを選びなさい。

（1） スポーツに支障をきたすような先天的な疾患の可能性をしらべるため
（2） ケガをしている選手の治療をしてその効果を確認するため
（3） スポーツ競技特有の身体機能の特徴を調べるため
（4） スポーツ障害の発生を予防するため

問 94

アスレティックトレーナーとはスポーツ選手の応急処置や、競技復帰、再発予防のためのアスリハを担う資格の一つです。日本のアスレティックトレーナーに関する記述として適切なものを選びなさい。

（1） 小・中学生、高校生が行うすべてのスポーツの練習試合・公式試合では、アスレティックトレーナーの帯同が義務付けられている。
（2） アスレティックトレーナーは注射を打つことができる。
（3） アスレティックトレーナーは薬を処方することができる。
（4） アスレティックトレーナーは救命救急に関する知識と技術を有している。

問 95

ケガをして運動を休止すると全身や筋肉の持久力が低下します。組織が修復された後にアスリハで強度の高い運動を行っていくには持久力の回復が重要です。次のうち、筋持久力に関するトレーニングとして適切なものを選びなさい。

（1） 筋持久力向上のために、高強度で低頻度のトレーニングを継続する。
（2） 筋持久力向上のために、低負荷で高頻度のトレーニングを継続する。
（3） ストレッチによって柔軟性が増すと筋持久力は低下する。
（4） マッサージによって筋肉を柔らかくすると筋持久力が増す。

問 96

スポーツ外傷の発生から段階的に競技復帰するためのアスリハとして、組み合わせが適切でないものを選びなさい。

(1)　ケガをした直後 — RICE 処置
(2)　痛みや腫れが強い時期 — 超音波や電気治療を使った物理療法
(3)　組織が修復される時期 — テーピングを巻いての競技動作トレーニング
(4)　組織修復が完了した時期 — 再発予防のアジリティトレーニング

問 97

スポーツ復帰に向けた段階的なアスリハにおいて、再発予防のためのアジリティトレーニングを開始する時期として、適切なものを選びなさい。

(1)　ケガをした直後
(2)　痛みや腫れが強い時期
(3)　組織が修復される時期
(4)　組織修復が完了した時期

問 98

ケガの発生から段階的にスポーツ復帰させるためにアスリハは重要です。次のうち、リハビリテーションの種類と実施内容の組み合わせで、適切なものを選びなさい。

(1)　メディカルリハビリテーション — 筋力強化のためのウェイトトレーニング
(2)　メディカルリハビリテーション — テーピングをしての競技復帰
(3)　アスレティックリハビリテーション — 痛みや炎症を軽減するための物理療法
(4)　アスレティックリハビリテーション — 再発予防のためのアジリティトレーニング

問 99

アスリハの実施項目とその主目的との組み合わせとして、適切なものを選びなさい。

(1)　物理療法（超音波治療）— 関節安定化
(2)　競技動作トレーニング — 関節腫脹の軽減
(3)　テーピング — 筋持久力維持
(4)　基本動作トレーニング — 再受傷予防

問 100

受傷後の段階的スポーツ復帰で考慮すべき患部の状態と、アスリハの主目的との組み合わせで、適切なものを選びなさい。

(1)　痛みや炎症の強い時期 — 競技動作の確認・修正
(2)　痛みや炎症の強い時期 — 筋力強化
(3)　痛みや炎症が消失し組織修復が完了した時期 — スピード・瞬発力の向上
(4)　痛みや炎症が消失し組織修復が完了した時期 — 筋萎縮の予防

ストレッチの知識

問 101

ウォームアップやクールダウンにストレッチがよく用いられます。ストレッチに関する記述のうち、適切でないものを選びなさい。

(1)　筋肉を持続的に伸ばす静的ストレッチは、ウォームアップよりもクールダウンに適している。
(2)　動的ストレッチは、スポーツ種目に合った動きを取り入れることで効果的なウォームアップになる。
(3)　バリスティックストレッチは、反動を利用したストレッチである。
(4)　動的ストレッチではバリスティックストレッチのように反動を利用する。

問 102

写真で示したストレッチ方法と、ストレッチされている筋肉の組み合わせで適切でないものを選びなさい。

（1） 上腕三頭筋

（2） 手関節背屈筋群

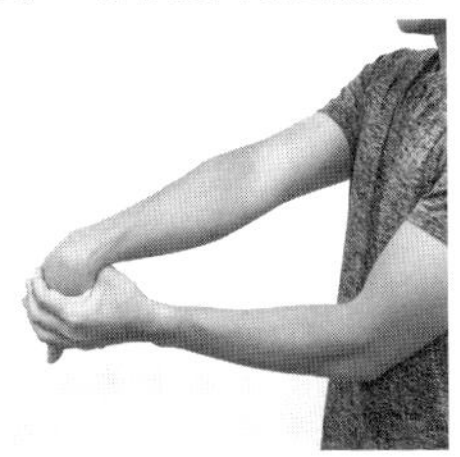

（3） 三角筋（後部線維）

（4） 股関節外転筋群

問 103

ストレッチの一つの種類である静的ストレッチに関する記述として、適切でないものを選びなさい。

（1） 伸張反射を促進して効果的に筋・腱を伸張する。
（2） 筋緊張が低下することにより柔軟性が向上する。
（3） 痛みのない範囲で筋・腱を伸張したまま数十秒間保つと効果的である。
（4） 間違った姿勢や方法で行うと身体に過度な負担をかけてしまうことがある。

問 104

バリスティックストレッチに関する記述として、適切でないものを選びなさい。

（1） 反動を利用して自分で関節を動かす。
（2） 運動前のウォームアップに適している。
（3） 運動後のクールダウンに適している。
（4） 伸張反射を促進する。

腰痛に対するアスリハ

問 105

腰痛はその痛みの出る動作から屈曲型腰痛（腰を前屈させると痛い）と伸展型腰痛（腰を反らすと痛い）に分け、それぞれに応じた治療やリハビリテーションを行うことが有用です。以下の記述で、適切でないものを選びなさい。

（1） 猫背の姿勢は屈曲型腰痛になりやすい。

（2） 屈曲型腰痛では腰を適度に反らす姿勢を保つことが重要である。

（3） 伸展型腰痛に対しては腰を過度に反る背筋トレーニングが推奨される。

（4） 骨盤が過度に前に傾く姿勢は伸展型腰痛の原因になりやすい。

問 106

腰痛に対するアスリハやトレーニングにおいて、適切でないものを選びなさい。

（1） 伸展型腰痛に対する脊柱起立筋のストレッチ

（2） 伸展型腰痛に対する大殿筋の筋力トレーニング

（3） 屈曲型腰痛に対する脊柱起立筋のストレッチ

（4） 屈曲型腰痛に対する腸腰筋の筋力トレーニング

問 107

腰痛は腰を反らすと痛む伸展型腰痛と、曲げると痛む屈曲型腰痛に分類されます。次のうち、伸展型腰痛を起こすスポーツ障害として適切なものを選びなさい。

（1） 腰椎椎間板ヘルニア

（2） 腰椎分離症

（3） 腰椎圧迫骨折

（4） 腰椎横突起骨折

問 108

腰痛は伸展型腰痛と屈曲型腰痛に分類され、そのタイプの違いにより筋力低下のパターンが異なります。腰痛のタイプと、強化すべき筋肉の組み合わせとして、適切なものを選びなさい。

(1)　伸展型腰痛 — 大殿筋
(2)　伸展型腰痛 — 腸腰筋
(3)　屈曲型腰痛 — ハムストリング
(4)　屈曲型腰痛 — 腹直筋

問 109

腰痛は伸展型腰痛と屈曲型腰痛に分類され、このタイプの違いによりタイトネスが生じやすい筋肉が異なります。伸展型腰痛においてタイトネスが生じやすい筋肉として、適切なものを選びなさい。

(1)　大殿筋
(2)　脊柱起立筋
(3)　ハムストリング
(4)　腹直筋

問 110

非特異的腰痛は伸展型腰痛と屈曲型腰痛に分類され、これらのタイプによりタイトネスが生じやすい筋肉が異なります。屈曲型腰痛においてタイトネスが生じやすい筋肉として、適切なものを選びなさい。

(1)　大殿筋
(2)　脊柱起立筋
(3)　大腿四頭筋
(4)　腸腰筋

問 111

伸展型腰痛では、腸腰筋のタイトネスが原因の一つになります。次のうち、腸腰筋（右側）が最も伸張されるストレッチとして、適切なものを選びなさい。

問 112

伸展型腰痛に対する体幹トレーニングとして、適切でないものを選びなさい。

(1)

(2)

(3)

(4)

問 113

体幹とは胸部、腰部、腹部、骨盤など身体の中心にある構造の総称です。体幹の安定性向上は腰痛予防やパフォーマンスアップに重要です。体幹の安定性向上を主目的としたエクササイズとして、適切でないものを選びなさい。

下肢のアスリハ

問 114

下肢のケガに対するアスリハについて、写真に関する説明が適切でないものを選びなさい。

（1）下腿三頭筋（右側）のストレッチ

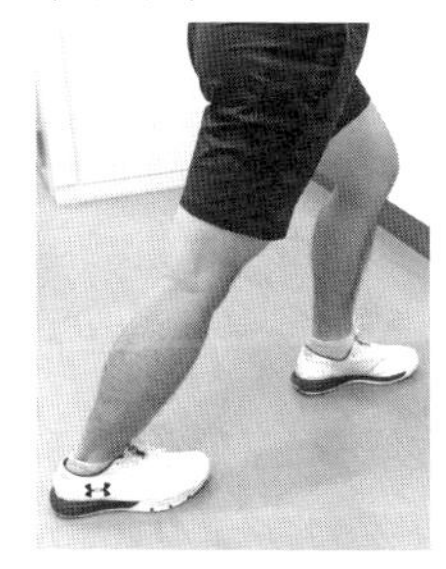

（2）下腿三頭筋のトレーニング

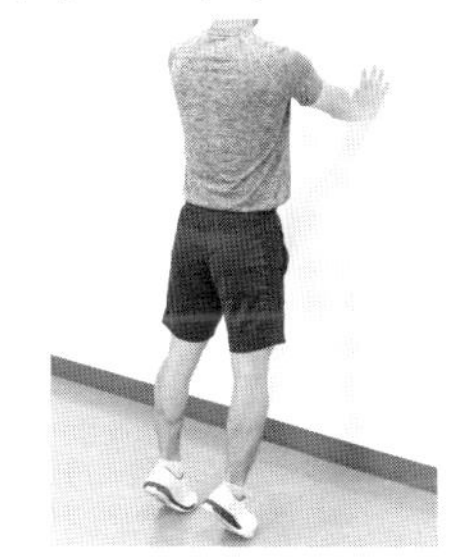

（3）バランストレーニング

（4）広背筋のストレッチ

問 115

下肢のスポーツ外傷・障害は、ジャンプ着地、切り返し動作、コンタクトプレーなどで多く発生します。代表的なケガとその受傷原因となる動作との組み合わせとして、適切でないものを選びなさい。

（1）膝内側側副靭帯損傷 — 膝の外側からタックルを受ける
（2）足関節内がえし捻挫 — Knee-in&Toe-out での着地動作
（3）グロインペイン症候群 — キック動作の反復
（4）ハムストリング肉離れ — ダッシュでの蹴りだし動作

問 116

下肢のスポーツ外傷・障害は、ジャンプの着地動作、切り返し動作、コンタクトプレーなどで多く発生します。ストップ動作や切り返し動作においてつま先が内側を向き、膝が外側を向く姿勢で受傷しやすい外傷を選びなさい。

(1) 膝内側側副靭帯損傷
(2) 鵞足炎
(3) シンスプリント
(4) 足関節内がえし捻挫

問 117

下肢に生じるスポーツ外傷・障害と、再発予防とスムースなスポーツ復帰に向けたアスリハのポイントの組み合わせとして、適切でないものを選びなさい。

(1) ジャンパー膝 — 膝を過度に前に出すような踏み切りや着地の動作を修正する。
(2) 足関節捻挫 — 急性期の足関節固定中は足の指もしっかりと固定する。
(3) アキレス腱断裂 — 縫合術後は腱の治癒に合わせて段階的に下腿三頭筋をストレッチする。
(4) シンスプリント — 走行中に足趾や下腿三頭筋を過度に使う接地パターンを修正する。

問 118

足関節内反捻挫（前距腓靭帯損傷）へのアスリハでは、痛みや炎症が軽減し、組織が修復される段階で筋力強化トレーニングを開始することが重要です。足関節内反捻挫の再発予防に有効とされる腓骨筋の筋力強化トレーニングとして、適切なものを選びなさい。

膝のアスリハ

問 119

膝の靭帯損傷後のアスリハの方針として、適切なものを選びなさい。

（1） 膝の拘縮予防のため、膝蓋骨はあまり動かさないようにする。
（2） 筋力回復のため、大腿四頭筋のセッティングを行う。
（3） 片脚スクワットでは、体幹を傾け、膝を内側に入れるようにして行う。
（4） 受傷後早期の腫れが引く前から競技動作トレーニングを開始する。

問 120

膝前十字靭帯損傷は、スポーツ復帰までに長期間を要する外傷の一つです。次のうち、前十字靭帯損傷後の競技復帰に向けてのアスリハについて適切でないものを選びなさい。

(1) スポーツ復帰を目指す場合、基本的には保存療法が選択される。
(2) 手術を行う場合、術前に膝の可動域や筋力をできるだけ改善させておく。
(3) 股関節や体幹の機能改善も重要である。
(4) トレーニングや競技復帰の際にテーピングや装具を使うことがある。

問 121

膝前十字靭帯損傷や半月板損傷の術前・術後は、膝関節を安定させるための筋力トレーニングが重要です。大腿四頭筋のセッティングは術前や術後早期から安全かつ効果的に行うことができるトレーニングの一つです。大腿四頭筋のセッティングは、特にどの筋肉の活動を意識して行うと良いか、選びなさい。

(1) 大腿直筋
(2) 内側広筋
(3) 外側広筋
(4) 中間広筋

問 122

膝関節の靭帯損傷や半月板損傷の受傷直後や術直後において、実施するメディカルリハビリテーションとして、適切でないものを選びなさい。

(1) 片脚立位でのバランストレーニングを行う。
(2) 膝蓋骨を上下左右によく動かす。
(3) 長座で踵を滑らせながら膝をゆっくりと曲げ伸ばしをする。
(4) 長座で太ももの筋肉を引き締め、膝蓋骨を引き上げるように力を入れる。

上肢のアスリハ

問123

テニス肘の記述として、適切でないものを選びなさい。

(1)　手関節を反らす筋肉（手関節背屈筋群）の始まりである肘外側部に負担が蓄積して痛みを生じる。

(2)　ものを握る動作では手関節背屈筋群を使うため、痛みを伴いやすい。

(3)　手関節を屈曲（手関節を掌屈）させるための筋肉のストレッチが有効である。

(4)　テニス肘用の装具を使用することがある。

問124

投球障害肩などの上肢のスポーツ障害を予防するために肩のインナーマッスルの機能を高めることが重要です。次のうち、写真のトレーニングと主に強化される筋肉の組み合わせで適切でないものを選びなさい。

(1) 棘上筋

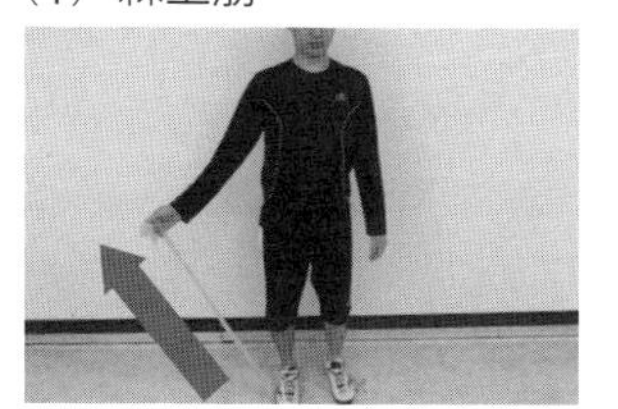

(2) 棘下筋

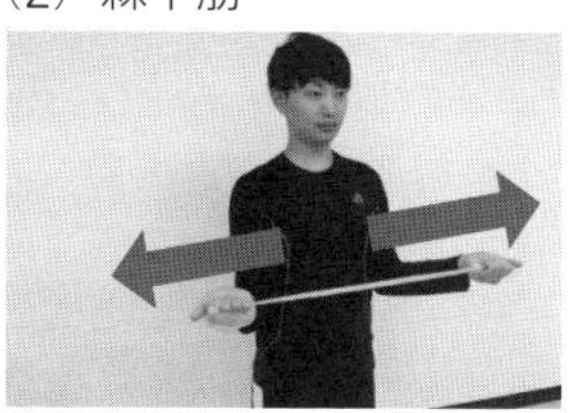

(3) 小円筋

(4) 肩甲下筋

問 125

肩関節脱臼や投球障害のアスリハでは、肩のインナーマッスルを強化することが重要です。次のうち、写真のトレーニングと強化される筋肉の組み合わせとして、適切なものを選びなさい。

問 126

上肢の外傷・障害の再発予防を目的としたアスリハでは、上肢に加えて体幹や下肢のストレッチも重要です。次のうち、写真のストレッチで伸張される筋として適切でないものを選びなさい。

(1) 広背筋
(2) 上腕二頭筋
(3) 腸腰筋
(4) 大腿四頭筋

競技別のアスリハ

問 127

投球動作で生じる肘の痛みを総称して野球肘と呼びます。成長期の野球肘の記述として、適切でないものを選びなさい。

(1) 肘の内側の痛みは、内側側副靱帯の手術を行って治すのが第一選択肢となる。
(2) 肘下がりの修正など、フォームの指導も大切となる。
(3) 肘だけでなく、胸部や肩甲骨、股関節などへのアスリハも大切である。
(4) 近年、野球肘検診が全国各地で行われつつある。

問 128

足関節捻挫受傷後に行う処置やアスリハの記述として、適切なものを選びなさい。

(1) 受傷後に足関節を固定する場合、足の指を一切動かせない様に固定する。
(2) 筋力を強化する時期には、足関節のみでなく膝や股関節、足趾の筋力も強化する。
(3) バランストレーニングはできるだけ腫れが強い時期から開始する。
(4) テーピングは足関節を最大底屈位にして巻く。

問 129

バスケットボールやバレーボールで生じやすいジャンパー膝のアスリハでは、ジャンプ動作に重要な正しい片脚スクワット姿勢を獲得することが大切です。適切な片脚スクワット姿勢の組み合わせを選びなさい。

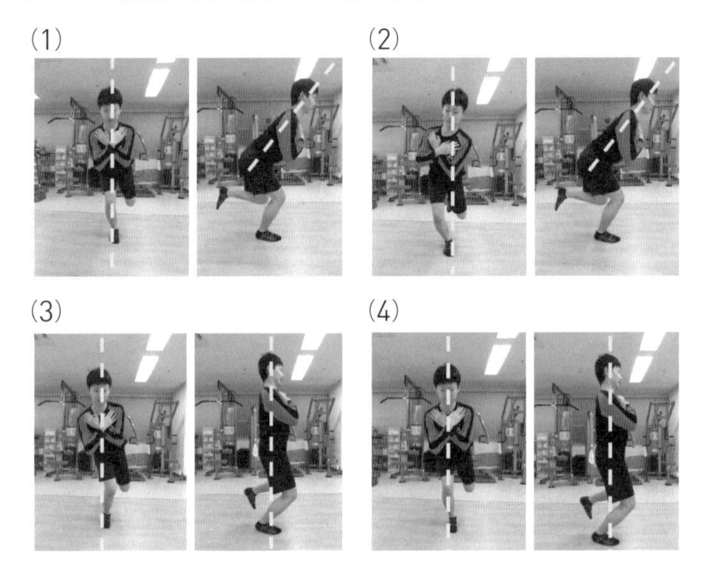

問 130

足関節内がえし捻挫はバスケットボールやバレーボールで発生しやすいスポーツ外傷の一つです。アスリハでは再発予防のためのエクササイズが重要です。次のうち、足関節内がえし捻挫後に推奨されるアスリハとして適切でないものを選びなさい。

(1) バランストレーニング

(2) Toe-in & Knee-out での動作トレーニング

(3) チューブでの腓骨筋エクササイズ

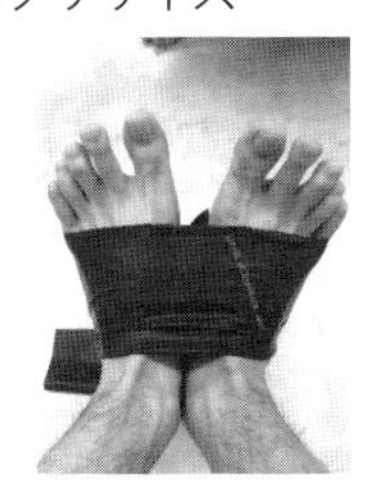

(4) 踵をまっすぐ上げるカーフレイズ

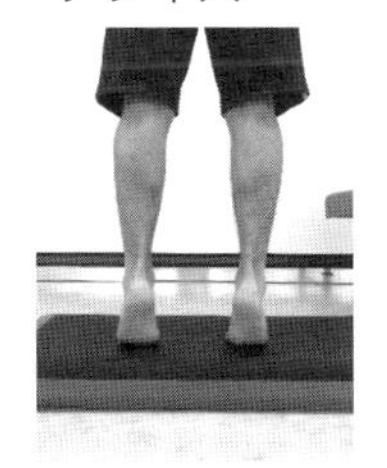

問 131

バスケットボール選手に多く発生するスポーツ外傷・障害へのアスリハに関する記述として、適切なものを選びなさい。

(1) 足関節捻挫後は急性期以降も不安定板を使ったバランス練習は禁忌である。

(2) 膝前十字靭帯再建術の直後から、端坐位で足首にチューブを巻いて膝を完全に伸ばし大腿四頭筋を強化する。

(3) 足関節内がえし捻挫の再発予防に向けて、足を外がえしする腓骨筋を強化する。

(4) 股関節周囲筋のトレーニングは切り返し動作での体幹安定性の向上にはつながらない。

問 132

バスケットボール選手に多いスポーツ外傷・障害へのアスリハに関する記述として、適切でないものを選びなさい。

(1) 膝前十字靭帯損傷はほとんどがコンタクトプレーの際に直達外力で生じるので不可避なことが多い。

(2) 突き指の予防には、ボールタッチ・キャッチのスキル向上が必要である。

(3) ジャンプ着地動作での不良姿勢は様々なケガにつながるが、選手本人が自覚していない場合が多いため、専門家にチェックしてもらうことが望ましい。

(4) テーピングやサポーターを使用することもあるが、機能障害に対するエクササイズやケアを合わせて行うことが重要である。

問 133

オスグッド病は、成長期にある男子サッカー選手に発生しやすいスポーツ障害の一つです。オスグッド病に対する効果的なストレッチとして、最も重要なものを選びなさい。

問 134

膝内側側副靭帯損傷はサッカーやラグビーで発生しやすいスポーツ外傷の一つです。次のうち、膝内側側副靭帯損傷後のアスリハとして推奨されるトレーニングとして適切でないものを選びなさい。

（1）股関節外転筋エクササイズ

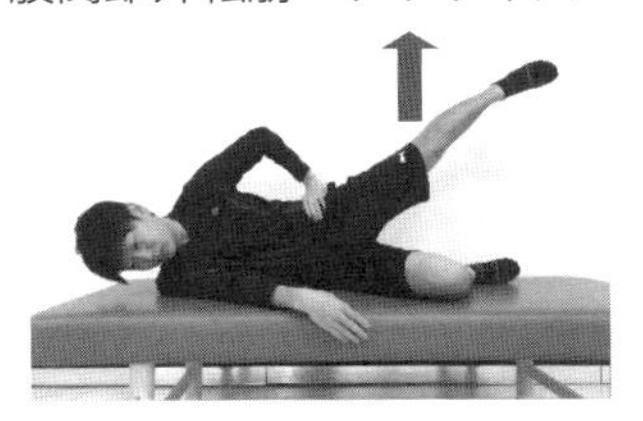

（2）ハムストリングエクササイズ

（3）膝を内側に向けた片脚スクワット

（4）体幹安定化トレーニング

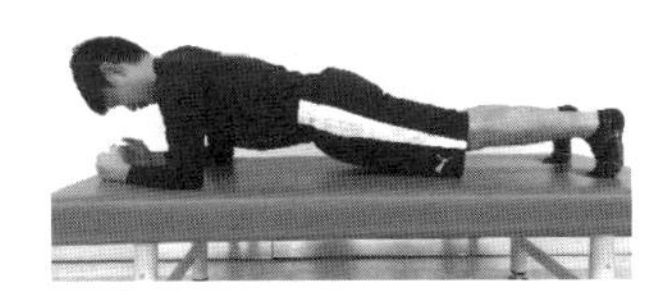

問 135

サッカー選手における下肢のスポーツ外傷を予防するためのエクササイズや動作の指導として、適切でないものを一つ選びなさい。

（1）ランジで膝が過度に内側に入らないようにする

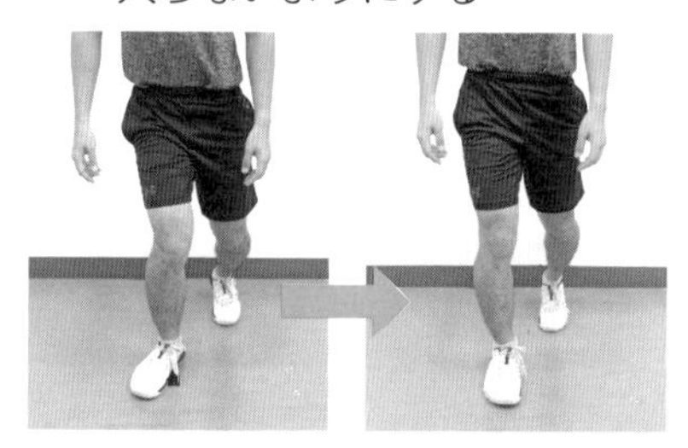

（2）下腿後面ストレッチでつま先を真っすぐ向ける

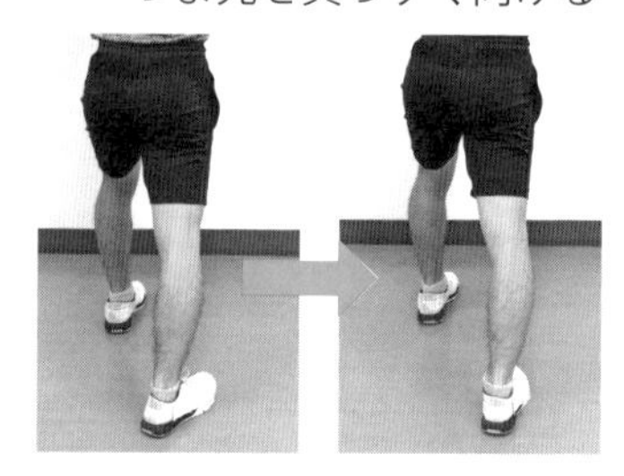

（3）足底の外側に荷重して切り返す

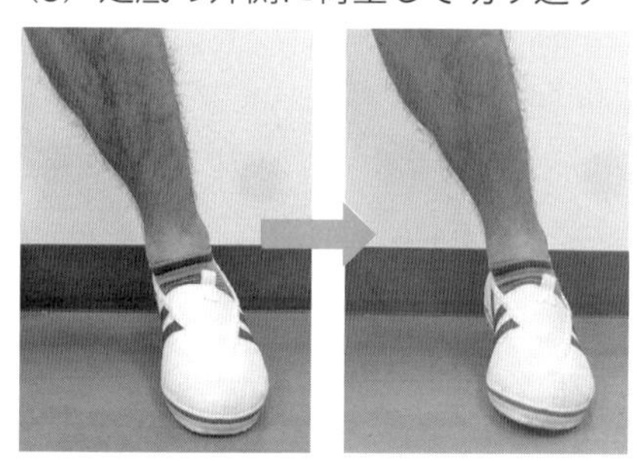

（4）スクワットで膝を過度に前に出さない

問 136

ラグビーでは、タックルをする際に頭部、頚椎、肩関節の外傷が生じることがあります。これらの外傷に関する記述として、適切でないものを選びなさい。

（1） ヘッドキャップを着用すれば脳振盪は生じない。

（2） 頚部の筋力強化は頚椎の外傷予防に重要である。

（3） 肩の筋力強化として、アウターマッスルだけなく、インナーマッスルの強化も重要である。

（4） 脳振盪後のコンタクトプレーは、メディカルチェック後に行うことが推奨されている。

問 137

脳振盪はラグビーなどのコンタクトスポーツで発生しやすいスポーツ外傷です。脳振盪を発症した選手は，段階的競技復帰プロトコールに従い競技復帰する必要があります。このプロトコールに関する記述として適切なものを選びなさい。

(1)　症状がなければ 24 時間経過しなくても次の段階に進めてよい。
(2)　症状が軽くても、まずは完全にスポーツ活動を休む。
(3)　完全に休んだ後は、ランニングから開始する。
(4)　ダッシュで問題がなければ、コンタクトプレーに進む。

問 138

肩関節脱臼はラグビーなどのコンタクトスポーツで発生しやすいスポーツ外傷です。肩関節脱臼後のアスリハに関する記述として、適切なものを選びなさい。

(1)　脱臼を何度も繰り返す場合、治療の第一選択は保存療法であり、筋力トレーニングを積極的に行う。
(2)　手術後に装具を着用している時期では、低強度の等尺性筋力トレーニングは患部への負担が大きいので控える。
(3)　手術後 1 週程度で装具を外して、振り子運動など軽めの運動や上肢を使う生活動作を開始する。
(4)　手術後のスポーツ復帰には通常 4〜6 か月以上を要する。

問 139

ランニングやマラソンで生じやすいスポーツ障害の記述として、適切なものを選びなさい。

(1)　足底腱膜炎に対しては下腿三頭筋のストレッチが大切である。
(2)　シンスプリントに対してはうさぎ跳びの練習を行うのが有効である。
(3)　腸脛靭帯は膝の安定性に重要であり、腸脛靭帯炎では手術を行う必要がある。
(4)　マラソンランナーには三角骨障害が生じやすい。

問 140

ランニングやダッシュなどでハムストリングが伸ばされると同時にこの筋肉が収縮する際に、筋肉と腱の結合部などが損傷するスポーツ外傷をハムストリング肉離れといいます。ハムストリング肉離れの治癒や予防のために推奨されている写真のエクササイズに関する記述として、適切なものを選びなさい。

(1) 受傷後すぐに開始する。
(2) 痛みや炎症が軽減し組織が修復される時期から段階的に行う。
(3) 左膝をできるだけ素早く伸展する。
(4) 左側の腸腰筋のストレッチとしても有効である。

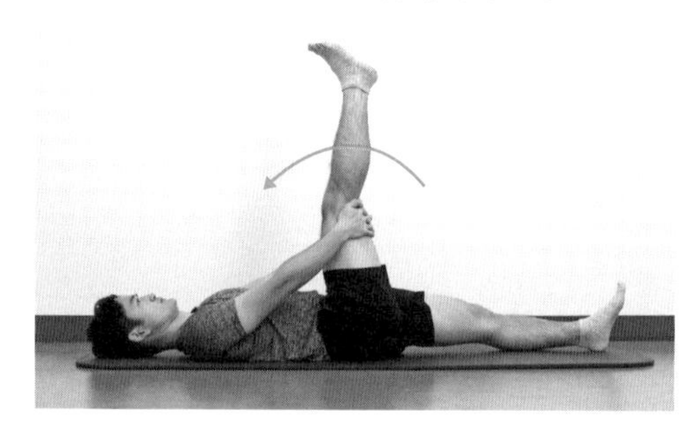

テーピング・装具・サポーター

問 141

スポーツ外傷・障害の予防や応急処置を目的としたテーピングに関する記述として、適切でないものを選びなさい。

(1) 足関節捻挫予防の基本的な巻き方はアンカー、スターアップ、サーキュラーの 3 つである。
(2) 締め付けによる血行不良や、摩擦による擦り傷に注意が必要である。
(3) 汗や汚れはよく落とし、体毛はできるだけ剃ったほうがよい。
(4) テーピングをして痛みが減っても、アスリハは継続した方がよい。

問 142

スポーツにおいて着用する用具や装具などの記述として、適切なものを選びなさい。

(1) ビーチバレーでは、赤外線予防のためにサングラスを着用する。

(2) 歯の矯正をしているときは、マウスガードを着用しない方が良い。

(3) 顔面外傷後に使用するフェイスガードは、FIFA でも認められている。

(4) アメリカンフットボールでは、ヘルメットを装着すれば脳振盪を生じない。

問 143

スポーツ外傷・障害と装具・サポーターとの組み合わせとして、適切なものを選びなさい。

(1) 肩関節脱臼

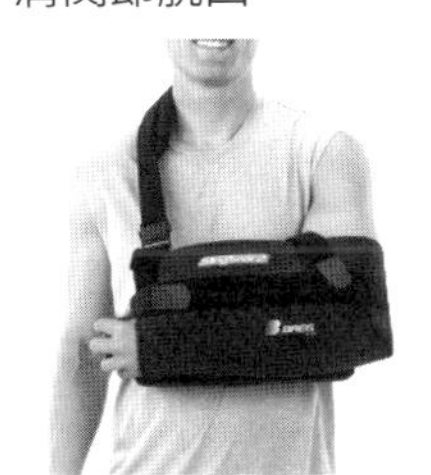

(2) 膝蓋骨脱臼

(3) 肘内側側副靭帯損傷

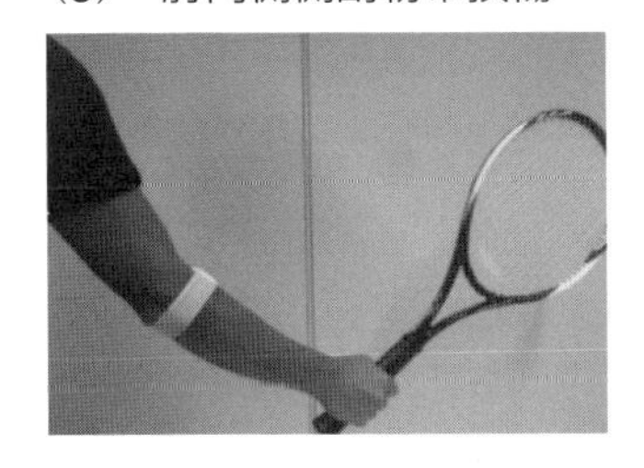

(4) シンスプリント

スポーツと栄養

問 144

スポーツ選手の試合当日の食事は、[a]を十分に摂取し、[b]を控えるのが基本です。

[a]と[b]に入る言葉の組み合わせとして、適切なものを選びなさい。

(1) a. 糖質、 b. 脂質
(2) a. 脂質、 b. 糖質
(3) a. ビタミン、b. 水分
(4) a. 脂質、 b. ミネラル

問 145

栄養に関する記述として適切なものを選びなさい。

(1) 1日に消費する（必要な）エネルギー量は、体脂肪率と身長から算出できる。
(2) 糖質を主に摂取するための食材として、白米、パン、いも類、果物が挙げられる。
(3) オフトレーニング期は通常練習期よりも、多くのエネルギーを必要とする。
(4) 男性は女性に比べエネルギーの消費量が多い。

女性とスポーツ

問 146

女性に特有のスポーツ障害として、女性アスリートの三主徴（利用可能エネルギー不足、無月経、骨粗鬆症）が挙げられます。正常な月経周期は[a]とされており、[b]以上月経が停止している状態を「無月経」と呼びます。[a]および[b]に当てはまる適切な組み合わせを選びなさい。

(1) a. 25～38 日、b. 3 か月
(2) a. 25～38 日、b. 6 か月
(3) a. 35～48 日、b. 3 か月
(4) a. 35～48 日、b. 6 か月

問 147

以下のホルモンの中で、卵巣から放出され、月経周期にも関わる女性に特有のものを選びなさい。

(1)　甲状腺ホルモン
(2)　成長ホルモン
(3)　エストロゲン
(4)　テストステロン

問 148

女性アスリートについての記述として、適切なものを選びなさい。

(1)　女性における第一次性徴とは、月経が始まることである。
(2)　成人女性の筋力や瞬発力は男性の 60～70%であるが、肺活量や血液量に差はない。
(3)　無月経が続く女性アスリートでは、骨量減少により疲労骨折を起こしやすくなる。
(4)　激しい運動により半年以上月経が停止した状態を、運動性無月経という。

問 149

女性とスポーツに関する記述として、適切なものを選びなさい。

(1)　女性の場合、過度なスポーツが無月経の原因となることがある。
(2)　激しい運動により 6 か月以上月経が停止した状態のことを、運動性無月経という。
(3)　成人男女の性差として、肺活量や筋量は男性が高い値を示し、女性は体脂肪や瞬発力が高値を示す。
(4)　女性の第二次性徴に最も関与するホルモンは、テストステロンである。

成長期のスポーツ

問 150

小児の突然死の約 6 割が運動中に生じており、致死的不整脈が原因と考えられています。現場での AED の使用が非常に重要ですが、野球やサッカーなどで、前胸部にボールなどが当たることで重篤な不整脈が生じ、突然死の原因となるものを選びなさい。

(1) 肺血栓塞栓症
(2) 心臓震盪
(3) 脳振盪
(4) 肋骨骨折

問 151

成長期のスポーツ選手に関する記述で、適切なものを選びなさい。

(1) 大腿骨は骨の中央の骨幹部で長くなる。
(2) 野球やサッカーで頭部にボールが当たり不整脈が生じるものを心臓震盪と呼ぶ。
(3) 小児は成人より体の水分割合が多く、脱水や熱中症になりやすい。
(4) ハムストリングが付着する坐骨に生じる痛みはシーバー病と呼ばれる。

問 152

成長期のスポーツ選手についての記述として、適切なものを選びなさい。

(1) アキレス腱が付着する踵骨の骨端症は足底腱膜炎と呼ばれる。
(2) 長管骨の長軸方向への成長は、骨幹部で生じる。
(3) 骨の成長速度のピークは、男子より女子の方が早期に訪れる。
(4) 骨の成長速度は、筋肉や腱と比べると遅い。

問 153

骨の成長に関わる骨端線（成長線）は、力学的に脆弱で損傷を受けやすい部位です。次のうち骨端線に関係する外傷・障害として適切でないものを選びなさい。

(1)　オスグッド病
(2)　リトルリーガーズショルダー
(3)　骨盤裂離骨折
(4)　腰椎分離症

障がい者とスポーツ

問 154

パラリンピックは当初「パラプレジア〔下半身麻痺〕」と「オリンピック」の造語でしたが、現在は様々な障がいを持つ人が参加する「もうひとつのオリンピック」として位置付けられています。現在のパラの言葉の持つ意味として適切なものを選びなさい。

(1)　パラドックス（逆説）
(2)　パラダイス（楽園）
(3)　パラソル（傘）
(4)　パラレル（平行）

問 155

障がい者スポーツに関する記述で、適切なものを選びなさい。

(1)　全国障がい者スポーツ大会は国民体育大会と同じ開催地で行われる。
(2)　第1回パラリンピックは1912年のストックホルム大会で開催された。
(3)　視覚障がい者のオリンピックであるデフリンピックは4年に1度開催される。
(4)　ボッチャは聴覚障がい者のために考案された競技である。

問 156

障がい者スポーツに関する記述で、適切でないものを選びなさい。

(1)　リハビリテーションスポーツ、市民スポーツ、競技スポーツに分類される。

(2)　障がいに合わせて安全に平等に競技が行えるようルールの工夫がされている。

(3)　障がい者スポーツに伴うケガやトラブルの予防は、個別に適切な配慮や指導を行うことが必要となる。

(4)　スペシャルオリンピックスは精神障がい者を対象としている。

問 157

障がい者スポーツについての記述として、適切でないものを選びなさい。

(1)　障がい者スポーツを支える資格制度は 2019 年現在、日本ではまだ存在していない。

(2)　車いすバスケットボールなどの競技では、選手の障がいの程度に応じて点数をつけ、規定の点数内でチームを編成するポイント制度が用いられている。

(3)　障がいに合わせてルールを変えて行われる競技がある。

(4)　障がい者のために独自に考案されたスポーツがある。

中高年者とスポーツ

問 158

中高齢者に生じやすい運動器の障害・外傷として適切なものを選びなさい。

(1)　足底腱膜炎

(2)　オスグッド病

(3)　踵骨骨端症

(4)　腸骨裂離骨折

問 159

ロコモについての記述として、適切なものを選びなさい。

(1)　骨量は低下しない。

(2)　動脈硬化や心筋梗塞などのリスクを増大させる。

(3)　膝の関節軟骨や腰の椎間板が障害されることが主な原因となる。

(4)　視覚や聴覚の低下により、生活の質が低下する。

スポーツと全身・熱中症

問 160

熱中症は暑さで生じる障害の総称で、めまい・頭痛・吐き気・筋けいれん（こむら返り）などが典型的な症状です。熱中症の記述として、適切でないものを選びなさい。

(1)　身体を冷却するときは、首回り、脇の下、鼠径部などの太い動脈が通る部位を冷やすのが有効である。
(2)　汗では水分と同時に塩分も失われるため、水分と塩分の両方の補給が重要である。
(3)　湿度の高い日は、低い日と比べて熱中症が発生しづらい。
(4)　体育館内の競技においても、熱中症になることがある。

問 161

熱中症とその予防に関する記述で、適切なものを選びなさい。

(1)　一過性のめまいや失神が見られるものを熱疲労と呼ぶ。
(2)　競技中は1時間当たりに 500-1000 mL の水分補給が推奨されている。
(3)　熱中症は屋内の競技で生じることはない。
(4)　湿度が高いと湿球黒球温度（WBGT）は低くなる。

問 162

熱中症に関する記述として、適切なものを選びなさい。

(1)　汗で失われた塩分の補給が足りず、筋けいれん（こむら返り）を生じるものを熱失神と呼ぶ。
(2)　汗をかくと水分と同時に塩分も失われるため、運動中には塩分を含む水分の摂取が望ましい。
(3)　意識障害があっても一過性の場合が多く、生命の危険はない。
(4)　小児は成人より体内の水分割合が多く、脱水や熱中症になりにくい。

問 163

熱中症の指標となる WBGT（湿球黒球温度）が 29℃であった場合の運動時の対策として、適切なものを選びなさい。

(1)　運動は原則中止である。

(2)　水分だけでなく塩分も摂取する。

(3)　負荷の強い持久走などのメニューを積極的に組む。

(4)　熱中症発生の危険はないと判断し特別な対策はしない。

問 164

マラソン大会においては、心肺停止が生じることを想定して、迅速に対応できる救護体制を整えておく必要があります。心肺蘇生時における処置として、適切でないものを選びなさい。

(1)　心肺停止と判断すれば、ただちに胸骨圧迫を行う。

(2)　周囲の人に応援を呼びかけ、救急要請や AED の手配をお願いする。

(3)　胸骨圧迫は 1 分間に 100〜120 回程度の速さで、約 5 cm 沈むように圧迫する。

(4)　AED は専門家しか使用できないため、救急車が到着してから使用する。

問 165

スポーツと突然死、心肺蘇生に関する記述として、適切なものを選びなさい。

(1)　野球やサッカーなどの球技では、頭部にボールが当たり、重篤な不整脈により突然死する心臓震盪の発生が報告されている。

(2)　心肺停止と判断した場合、AED は救急隊の到着を待たずに装着する。

(3)　普段は無症状であれば、致死的な不整脈を有していることはない。

(4)　小児の突然死の約 1 割は運動中に生じている。

アンチドーピング

問 166

スポーツにおいて、フェアプレーの精神はもっとも重要な価値のひとつであり、ドーピングはフェアプレーに反する不誠実な行為です。ドーピングの記述として、適切なものを選びなさい。

(1) ドーピングの禁止物質が含まれていることを知らずに風邪薬を内服した場合「うっかりドーピング」として許される。
(2) ドーピングの禁止物質が含まれている薬でも、特定の要件を満たせば使用が可能になる制度がある。
(3) サプリメントであればドーピングで問題になることはない。
(4) 漢方薬であればドーピングで問題になることはない。

問 167

アンチ・ドーピングの記述として、適切なものを選びなさい。

(1) ドーピング検査のため、居場所情報を提出する必要がある選手もいる。
(2) 治療使用特例（TUE）の申請は原則として大会の 3 日前までに行う。
(3) スポーツファーマシストは医師の資格を必ず持っている。
(4) 漢方薬にドーピング違反の物質が入っていることはない。

問 168

TUE に関する記述として適切なものを選びなさい。

(1) 医師の許可により使用した薬剤で TUE を申請すれば全てドーピング違反にならない。
(2) TUE の申請は出場する大会の 1 週間前までに申請する。
(3) 治療上必要な薬でも TUE の申請なしに禁止物質を使用するとドーピング違反になる。
(4) TUE の申請は帯同トレーナーが行う。

問 169　ケーススタディ　**Aさん、競技：マラソン（46歳・男性）**

マラソンの大会で走っていたAさんが、突然路上に倒れ動かなくなりました。一緒に走っていた友人のBさんはすぐに駆け寄り、声をかけましたが反応がなく、呼吸が止まっていました。Bさんの行動として、適切なものを全て選びなさい。

（1）　ほかに手助けしてくれる応援を呼ぶ。
（2）　救急要請をお願いする。
（3）　AEDを持ってくるようお願いする。
（4）　胸骨圧迫を開始する。

問 170　ケーススタディ　**Cさん、競技：サッカー（22歳・男性）**

サッカーの試合中、競り合いで相手選手に右足を踏まれたCさんは、立ち上がって走ろうとしたところ、右足に激痛を感じ、倒れこんでしまいました。近寄ってきた審判がCさんの右足のスパイクが破れ、出血しているのを確認し、スタッフに入るよう指示を出しました。アスレティックトレーナーとしてベンチに入っていたDさんの行動として適切なものを全て選びなさい。

（1）　特に処置はせず、プレー続行可能だと審判に伝える。
（2）　スパイクの上からコールドスプレーをかけた上で、プレー続行可能だと審判に伝える。
（3）Cさんに近寄り、担架を要請してCさんをいったんピッチの外に出す。
（4）スパイクを脱がせて出血部位を確認し、水で洗ったあと止血する。

問 171　ケーススタディ　**Eさん、スポーツ：バスケットボール（16歳・女性）**

バスケットボールの練習中、Eさんが着地に失敗してバランスを崩し、左手をついて転倒しました。チームトレーナーのFさんが駆け寄ると、Eさんの左前腕は明らかに変形し、骨折が疑われました。Fさんの行動として適切なものを全て選びなさい。

（1）　Eさんの意識レベルに問題がないかを確認した。
（2）　骨折整復の経験はなかったが、引っ張って戻るかどうか試してみた。
（3）　メディカルバックの中にあった副木で左上肢を固定した。
（4）　早急に医療機関に連れて行くべきだと判断し、119番に救急要請した。

問 172　ケーススタディ　**Gさん、競技：ラグビー（21歳・男性）**

ラグビーの試合中、Gさんが相手プレーヤーにタックルにいった後、倒れて動かなくなりました。呼吸はしており、四肢に明らかな外傷は認めませんでしたが、意識はもうろうとしていて起き上がることができませんでした。フィールドの外に搬送する場合の記述として適切なものを選びなさい。

(1)　Aはログロール法であり、頚椎の保護は不要である。
(2)　Aはログロール法であり、一人が選手の頭側に位置し、Gさんの頚部を固定する。
(3)　担架要員が5人の場合は、Bのリフトアンドスライド法でバッグボードに乗せる。
(4)　Bのリフトアンドスライド法では、体を手前に90°横に回転させ、バックボードを挿入する。

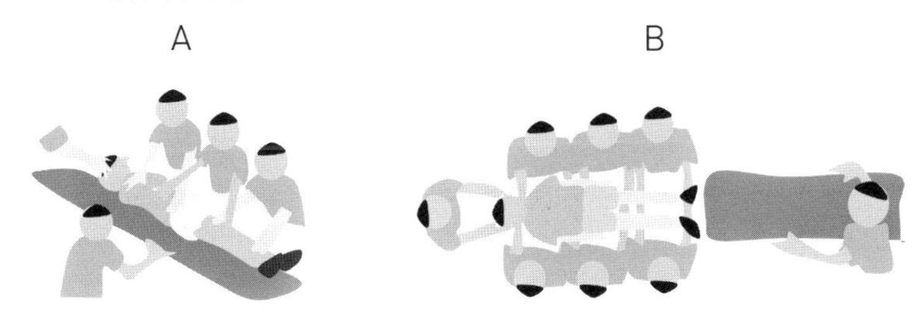

問 173　ケーススタディ　**Hさん、競技：サッカー（44歳・男性）**

サッカーの試合中にHさんは突然唸るような声を出して倒れました。そばにいたIさんが駆け寄り、声かけに反応がないことを確認し、胸骨圧迫を開始するとともに周囲の人に救急車の要請とAEDを持ってくるように指示しました。AEDの使用法として適切なものを全て選びなさい。

(1)　音声ガイダンスに従い操作する。
(2)　電極パッドを装着し心電図解析を行う。
(3)　ショックの適応と判断された場合は、胸骨圧迫を継続したままショックボタンを押す。
(4)　一度ショックを行ったら電極パッドを剥がしてから胸骨圧迫を継続する。

問 174　ケーススタディ　**Jさん、競技：柔道（16歳・男性）**

4月に高校の柔道部に入部したJさんは、5月に大外刈りで倒された際に頭部を強くぶつけました。この時、練習を指導していた指導者の対応として、適切でないものを選びなさい。

（1）　受傷直後からの意識障害が続いており改善しない。→救急要請した。

（2）　受傷直後にあった意識障害がいったん回復した。→練習に戻した。

（3）　受傷直後は意識障害がなかったが、5分経過した頃から意識障害が出現し改善しない。→救急要請した。

（4）　受傷直後から意識障害はなかったが、一度嘔吐した。→医療機関に連れて行った。

問 175　ケーススタディ　**Kさん、競技：ソフトボール（21歳・女性）**

大学の女子ソフトボールの試合でショートを守っていたKさんは、フライを捕球しようと後ろに下がっていった際、レフトを守っていたプレーヤーと衝突し、頭を強打して交代しました。意識障害はなかったものの、頭痛とめまいが持続しており、医療機関でCT検査を受け、頭の中に出血はなく脳振盪の診断を受けました。頭痛とめまいが翌日から消失し、症状の悪化のないKさんの受傷後3日目の段階の記述として、最も適切なものを選びなさい。

（1）　絶対安静とする。

（2）　ランニングを開始する。

（3）　ソフトボールの練習を開始する。

（4）　練習試合に復帰する。

問176　ケーススタディ　**Lさん　競技：アメリカンフットボール（22歳・男性）**

試合に出場していたLさんは、後半途中タックルにいった際に、相手に弾き飛ばされて倒れました。意識は清明であったもののバランステストの姿勢を5秒以上保持できず、交代となりました。その後医療機関で脳振盪と診断され、段階的復帰のプロトコールに準じて復帰する方針となりました。受傷翌日は完全に休養し、症状は消失し、以降症状は出現していません。受傷4日目のLさんのトレーニングとして最も適切なものを選びなさい。

(1)　ウォーキング
(2)　接触プレーのある運動
(3)　接触プレーのない練習
(4)　試合復帰

問177　ケーススタディ　**Mさん　競技：レスリング（20歳・男性）**

大学レスリング部に所属するMさんは練習中にタックルを受けて仰向けに倒され、しばらく起き上がることができませんでした。この時のMさんの症状から、脳振盪を疑う所見として適切なものを選びなさい。

(1)　今どこにいるかが答えれなかった。
(2)　めまいがあり、吐き気がある。
(3)　バランステストの姿勢から20秒で8回よろけた。
(4)　歩行がふらついている。

問178　ケーススタディ　**Nさん、競技：バスケットボール（32歳・女性）**

Nさんは、3か月くらい前から練習中の腰痛を感じており、ある日の試合中に、強い腰痛と右大腿部の後面のしびれと痛みが出現し、腰を前屈するのが困難になりました。Nさんの症状から最も考えられる状態を選びなさい。

(1)　大腿骨頚部骨折
(2)　大腿四頭筋肉離れ
(3)　腰椎椎間板ヘルニア
(4)　腰椎圧迫骨折

問 179　**ケーススタディO さん、競技：アイスホッケー（19 歳・男性）**

大学１年生のＯさんは、大学生になってアイスホッケーを始めました。練習にも慣れてきた９月、練習試合で相手と衝突した際、頚部が左斜め後方に反り、その直後から右上肢に焼けるような痛みが出現しました。意識消失や、上肢・下肢の麻痺症状は出ていません。この症状から最も考えられるものを選びなさい。

（1）　急性硬膜下血腫

（2）　頚椎脱臼骨折

（3）　肩鎖関節脱臼

（4）　バーナー症候群

問 180　**ケーススタディ　P さん、競技：水泳（14 歳・男性）**

中学で水泳部に所属しているＰさんは、１か月前から腰痛を感じていましたが、休まずに練習に参加していました。しかし、数日前から腰痛が強くなり、練習に参加できなくなりました。医療機関を受診したＰさんはCT 検査を受け、腰椎の疲労骨折（腰椎分離症）と診断されました。腰椎を横から見た模式図の中で、Ｐさんが疲労骨折を起こしていた部位として最も適切なものを選びなさい。

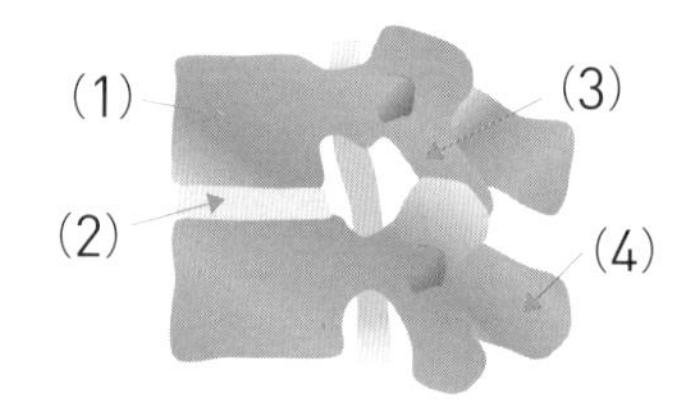

問181　ケーススタディ　**Qさん　競技：タグラグビー（40歳・男性）**

Qさんが小学生たちとタグラグビーをしている際、前に落ちそうな味方のパスを取ろうと一歩前に踏み出した際、左足関節の後ろに強い衝撃音と誰かに蹴られたかのうような感覚が生じました。アキレス腱断裂の診断で手術をしたQさんの術後のリハビリテーションとして、適切なものを選びなさい。

(1)　術後翌日から、足関節を背屈させる可動域訓練を行う。
(2)　術後2週でギプスや装具を外し、ジョギングを徐々に開始する。
(3)　ギプスを約3か月装着し、足関節を動かさないようにする。
(4)　片脚でのスクワットやつま先立ちが可能になればランニングを開始する。

問182　ケーススタディ　**Rさん、競技：バスケットボール（14歳・男性）**

Rさんは、バスケットボールの練習やランニング時に膝の痛みを自覚し、膝の前面の隆起した骨を押すと強い痛みがありました。医師からオスグッド病と診断されたRさんの対応やこの障害の特徴として適切なものを選びなさい。

(1)　脛骨の隆起が悪化すると、身長の伸びにも影響することがあるので膝装具やサポーターを着けて安静にする。
(2)　運動休止中も痛みのない範囲で大腿部や殿部のストレッチ、体幹のトレーニングを続ける。
(3)　大腿二頭筋のストレッチは脛骨粗面に牽引力を与えるため控える。
(4)　症状が1週間以上つづく場合は、MRIやCTで精査を受け、手術を検討する。

問 183　**ケーススタディSさん、競技：野球（14歳・男性）**

硬式野球で投手のSさんは、1か月前から右肘の外側に痛みがあり、肘が完全に曲げ伸ばしできないことを感じていました。医療機関を受診し、初期の上腕骨離断性骨軟骨炎のため、保存加療が必要と言われました。この時の投球について、適切なものを選びなさい。

(1)　硬式ボールから軟式ボールに変更して投球を継続する。
(2)　遠投のみ継続する。
(3)　キャッチャーにポジションを変更して投球を継続する。
(4)　投球を中止する。

問 184　**ケーススタディTさん、競技：野球（12歳・男性）**

小学校1年生から野球を始め、リトルリーグでピッチャーをしているTさんは、半年前から投球側の右肩に違和感を感じ、徐々に痛みがひどくなってきました。この時、生じている病態として最も考えられるものを選びなさい。

(1)　上腕骨近位の骨端線線離開
(2)　上腕骨小頭の離断性骨軟骨炎
(3)　上腕骨内側上顆骨端核の障害
(4)　腱板損傷

問 185　**ケーススタディUさん、競技：バレーボール（32 歳・女性）**

バレーボールの試合中、U さんはレシーブをしようとダイビングをして左手を伸ばして飛び込んだ際、左肩に強い痛みが出現し、左肩を動かすことができなくなりました。この時、生じている病態として最も考えられるものを選びなさい。

（1）　肩関節脱臼
（2）　三角線維軟骨複合体損傷
（3）　肘内側側副靭帯損傷
（4）　上腕骨近位の骨端線線離開

問 186　**ケーススタディ　V さん　競技：スキー（24 歳・男性）**

V さんが週末の大会でストックをついた際に握ったまま、右手の母指を痛め、腫れもあり動かすことができません。最も考えられるものを選びなさい。

（1）　リスフラン靭帯損傷
（2）　有痛性三角骨
（3）　三角線維軟骨複合体損傷
（4）　MP 関節の側副靭帯損傷

問 187　**ケーススタディ　W さん、競技：野球（11 歳・男性）**

小学校 1 年生から野球を始め、リトルリーグでピッチャーをしている W さんは、1 か月前から右肘の内側に痛みがあり、全力投球がうまくできないと感じていました。医療機関を受診して単純 X 線検査を受けて、約 1 か月の投球禁止とリハビリテーションを指示されました。診断された病名として最も考えられるものを選びなさい。

（1）　上腕骨小頭離断性骨軟骨炎
（2）　テニス肘
（3）　リトルリーガーズショルダー
（4）　上腕骨内側上顆の骨端核障害

問 188　ケーススタディ　**Xさん、競技：クラシックバレエ（13歳・女性）**

バレエ教室に通うXさんは、片脚スクワットを行うと図のように膝が内に入って安定せず、レッスン中に膝の痛みもよく出現します。Xさんの指導者の対応として、適切でないものを選びなさい。

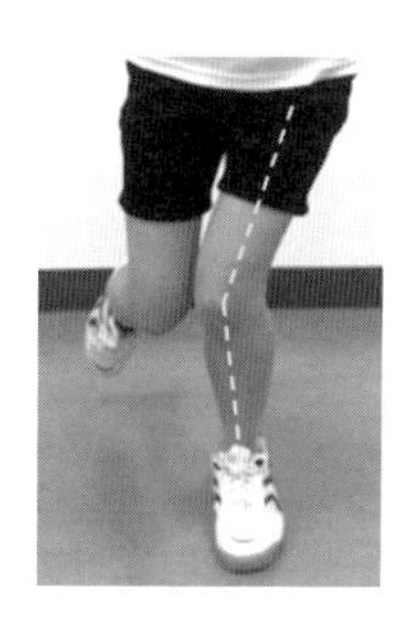

(1)　殿部周囲や大腿四頭筋、体幹を強化するためのトレーニングを指導する。
(2)　この年齢での膝の痛みは、誰にでも生じるので、特別な対応はしない。
(3)　両脚スクワット、片脚スクワットにおける正しい姿勢を指導する。
(4)　痛みに応じて練習量を調整する。

問 189　ケーススタディ　**Yさん、競技：マラソン（51歳・女性）**

フルマラソンに挑戦するため、練習を続けていたYさんは、1か月前から右膝の外側に違和感を自覚し、徐々に痛みが強くなって長時間のランニングが困難になってきました。Yさんの現状と対応として、最も適切なものを選びなさい。

(1)　ジャンパー膝と考えられ、痛みの程度に応じた運動量の調節とアスリハを行う。
(2)　鵞足炎と考えられ、手術が勧められる。
(3)　腸脛靭帯炎と考えられ、痛みの程度に応じた運動量の調節とアスリハを行う。
(4)　前十字靭帯損傷と考えられ、手術が勧められる。

問 190　**ケーススタディZさん、競技：バスケットボール（12歳・男性）**

小学生でミニバスケットボールをしているZさんは、徐々にランニングやジャンプ時の左膝の痛みを感じるようになり、オスグッド病と診断されました。この時Zさんが指導を受けたアスリハの写真と記述の組み合わせで、適切なものを選びなさい。

（1）　ハムストリングのストレッチ
（2）　スクワットフォームの修正
（3）　大腿四頭筋のセッティング
（4）　膝蓋骨のモビライゼーション

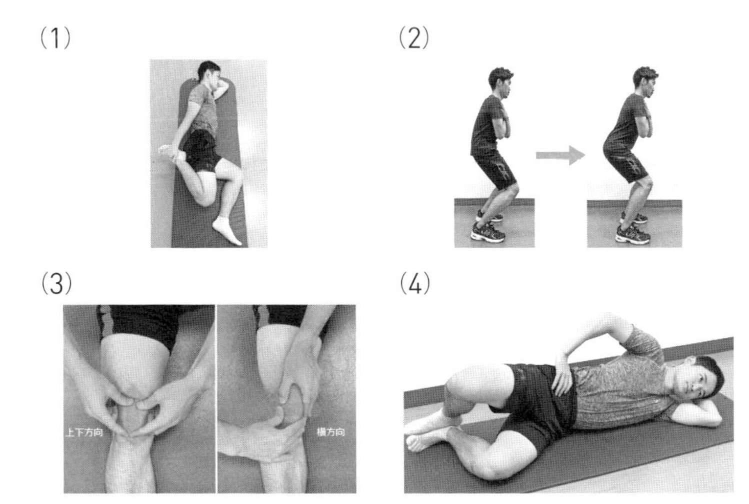

問 191　**ケーススタディAさん、競技：バドミントン（16歳・男性）**

試合中Aさんは後ろにさがりながらスマッシュを打った際に右膝を捻り、前十字靭帯損傷の診断で手術を受けました。手術後2か月経過して膝の曲げ伸ばしもスムースになり、歩行に支障はなくなりました。Aさんのアスリハの現状として、最も適切なものを選びなさい。

（1）　基本動作トレーニングを行う。
（2）　アジリティーのトレーニングを行う。
（3）　学校の体育で行うバドミントンの試合は参加してよい。
（4）　テーピングをすれば大会に出てよい。

問 192　**ケーススタディBさん、競技：体操（20歳・男性）**

6か月前から左の下腿前面の中央部に痛みを感じていましたが、徐々に痛みが悪化して練習が困難となったため、医療機関を受診したところ、難治性の疲労骨折と診断されました。Bさんが受けた診断名と、勧められる治療として最も適切なものを選びなさい。

(1)　Jones骨折 — ギプス
(2)　Jones骨折 — 手術
(3)　脛骨の跳躍型疲労骨折 — ギプス
(4)　脛骨の跳躍型疲労骨折 — 手術

問 193　**ケーススタディCさん、競技：ゴルフ（45歳・男性）**

月に1回程度ゴルフをしているCさんは、ラウンド終盤の下り坂で足が滑り踏ん張った際、右下腿のaの部位に激痛を感じ、その後歩行が困難となりました。Cさんが受傷した外傷としてもっとも適切なものを選びなさい。

(1)　腓腹筋の肉離れ
(2)　アキレス腱断裂
(3)　シンスプリント
(4)　前脛骨筋の肉離れ

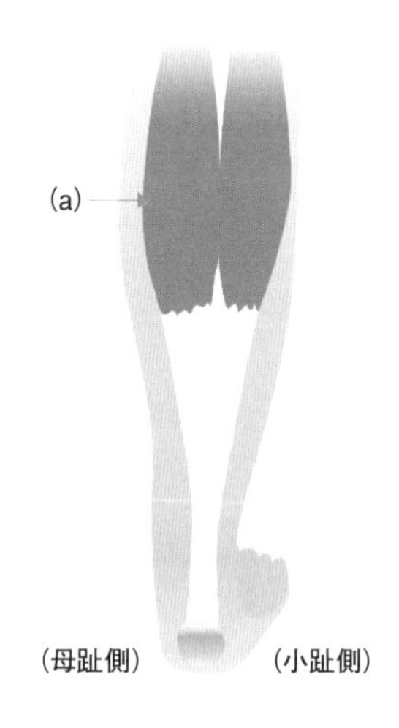

問194　ケーススタディ　**Dさん、競技：陸上競技（17歳・女性）**

高校の陸上部で長距離を専門にするDさんは、1週間前から右足の痛みで走ることができなくなり、整形外科を受診したところ、右第3中足骨疲労骨折と診断されました。第3中足骨疲労骨折に関する記述として適切なものを選びなさい。

(1)　ジョーンズ骨折と呼ばれる。
(2)　手術が必要になることが多い。
(3)　運動の休止により治癒することが多い。
(4)　疾走型と跳躍型に分類される。

問195　ケーススタディ　**Eさん、競技：サッカー（16歳・男性）**

高校のサッカー部に所属するEさんは2週間前から左足外側に軽い痛みを感じていました。練習試合中に左足で踏み込んだ際に痛みが強くなり、途中交代となりました。整形外科を受診したところレントゲン上、ジョーンズ骨折と診断されました。ジョーンズ骨折の記述として適切でないものを選びなさい。

(1)　第5中足骨の疲労骨折である。
(2)　一度治癒しても再び骨折しやすい。
(3)　疾走型と跳躍型に分類される。
(4)　金属のスクリューを骨に挿入する手術が行われることがある。

問196　ケーススタディ**Fさん、競技：ハンドボール（22歳・女性）**

試合でFさんは、相手の膝が太もも前面に直撃し、強い痛みでプレー続行不可能となり退場しました。患部は腫れており、なんとか歩行ができる状態です。この時、もっとも考えられるものを選びなさい。

(1)　肉離れ
(2)　腸骨裂離骨折
(3)　腸脛靭帯炎
(4)　筋挫傷

問 197　ケーススタディ　**Gさん、競技：サッカー（17歳・男性）**

サッカーの試合中、Gさんは相手選手に右足でスライディングをした際、踵が地面に引っ掛かかり、ハムストリングが強く伸ばされました。右大腿後面の激しい痛みのため歩行は困難であり、すぐに医療機関を受診しました。MRI検査を行い、医師からハムストリング付着部の完全断裂と診断されました。Gさんに対する今後の治療方針として、適切なものを選びなさい。

（1）　受傷前の競技レベルでサッカーに復帰するためには早期の手術が検討される。

（2）　筋力を落さないため、すぐに右大腿後面の筋力トレーニングを開始する。

（3）　受傷後3〜4週でランニングを開始し、6〜8週でダッシュや競技復帰が可能である。

（4）　2週間程度のアスリハを行えば競技復帰可能である。

問 198　ケーススタディ　**Hさん、競技：高校ラグビー部監督**

5月初旬のよく晴れた日曜日。気温が平年よりかなり高くなり、熱中症のリスクを心配した高校ラグビー部の監督のHさんは、相手チームの監督と相談し、練習試合の開始時刻を14時から16時に変更することを提案しました。Iさんが参考にした、日本スポーツ協会が推奨する「熱中症予防運動指針」において、「運動は原則中止」とする条件として、適切なものを全て選びなさい。

（1）　WBGT（湿球黒球温度）が25℃以上

（2）　WBGT（湿球黒球温度）が31℃以上

（3）　乾球温度（通常の気温計）が30℃以上

（4）　乾球温度（通常の気温計）が35℃以上

問 199　ケーススタディ　**I さん、競技：テニス（21 歳・女性）**

大学テニス部に所属する I さんは、真夏に参加していた試合中、めまいと頭痛を訴えて試合を途中棄権しました。大会本部スタッフの J さんがチェックを行ったところ、体温は 37.5℃で、意識障害は認めませんでしたが、嘔吐を何度かしました。I さんの現状と J さんが取るべき行動として、適切なものを選びなさい。

(1)　I 度の熱中症であり、試合に戻す。
(2)　I 度の熱中症であり、涼しい救護室でスポーツドリンクを飲ませる。
(3)　II 度の熱中症であり、医療機関を受診した。
(4)　III 度の熱中症であり、救急要請する。

問 200　ケーススタディ　**K さん、競技：スキー（21 歳・男性）**

子供の時から気管支喘息を患っていた K さんは、運動時に喘息が悪化することがあるため、以前から吸入薬の使用と、時に内服薬を使用しています。今年からドーピングコントロールのある競技大会に出場する可能性があります。この時の L さんの対応として適切なものを選びなさい。

(1)　喘息の薬を自己中断する。
(2)　競技大会の 3 日前から薬を使用しないようにする。
(3)　競技大会当日だけ薬を使用しないようにする。
(4)　スポーツファーマシストに相談する。

問 201　ケーススタディ　**L さん、競技：サッカー部監督（55 歳・男性）**

L さんが監督をしている高校サッカー部が、8 月に 2 週間静岡県に合宿に行くことになりました。メディカルスタッフの帯同はありません。この時、メディカルバッグに準備しておくとよいものとして、適切なものを全て選びなさい。

(1)　テーピング
(2)　体温計
(3)　氷嚢
(4)　ガーゼ

問 202　ケーススタディ　**Mさん、競技：少年野球監督（45歳・男性）**

Mさんが監督をしている少年野球チームは、毎年8月初旬に強化合宿を行なっています。今年の夏は例年より暑く、熱中症の危険性が高いため、乾球温度（通常の気温）とWBGT（湿球黒球温度）を参考に練習時間を決める予定です。WBGTを算出するための要素として、適切なものを全て選びなさい。

（1）　気温
（2）　気圧
（3）　湿度
（4）　風速

問 203　ケーススタディ　**Nさん、競技：車いすバスケットボール（25歳・男性）**

交通事故により下半身不随となり、車いすで生活しているNさんは、車いすバスケットボールのプレーヤーです。障がい者スポーツの記述について、適切でないものを選びなさい。

（1）　車いすバスケットボールでは障がいに応じた持ち点があり、試合中コート上の5人の持ち点が一定を超えないよう制限されている。
（2）　医療機関で使用する車いすとは異なる競技用の車いすが用いられる。
（3）　肢体不自由は身体障がいに含まれる。
（4）　バスケットゴールは低い位置に設定されている。

問 204　ケーススタディ　**Oさん、競技：市民マラソン大会運営スタッフ（51歳・男性）**

Oさんは市民マラソン大会の安全管理の責任者を任せられました。マラソン大会が始まる前にOさんがとった行動として、適切なものを全て選びなさい。

（1）　会場内でAEDがどこにあるか確認した。
（2）　安全管理のスタッフに、それぞれの仕事の役割を確認させた。
（3）　気温、湿度などを調べ、安全に大会を行うことができる気候か確認した。
（4）　会場近くの医療機関に、ケガをした時などに受診ができるかを確認した。

問 205 ケーススタディ **P さん 競技：中学ソフトテニス部監督（38 歳・男性）**

P さんは、夏の日の練習の前に、熱中症の予防として WBGT（湿球黒球温度）を必ず調べています。WBGT は気温、湿度、輻射熱の 3 要素から算出されますが、激しい運動を中止すべき厳重警戒に該当する WBGT は何℃か、適切なものを選びなさい。

（1） 31℃以上
（2） 28-31℃
（3） 25-28℃
（4） 21-25℃

問 206 ケーススタディ **Q さん 競技：フェンシング（25 歳・女性）**

フェンシングの国際大会に出場した Q さんは、ドーピング検査を受けて陽性となりました。全く身に覚えのない Q さんは、数日前に友人から勧められて成分のはっきりしないサプリメントを飲んだことを思い出しました。Q さんに対する処分として、適切なものを選びなさい。

（1） ドーピング違反となる。
（2） 競技力を向上させる目的で使用したつもりはないので、ドーピング違反にならない。
（3） ドーピング違反薬が含まれていることを知らなかったので、ドーピング違反にならない。
（4） 後日 TUE を申請すれば、ドーピング違反にならない。

問 207 ケーススタディ **R さん、競技：ラグビー国際大会運営スタッフ（52 歳・男性）**

R さんは、ラグビーの国際大会の安全管理の運営スタッフとなりました。大会前の準備として R さんがとった行動で適切なものを全て選びなさい。

（1） 試合中に怪我人が出た際にすぐに受診できる後方支援病院を準備した。
（2） 観客対応としての救護室のスタッフ、医療器具を整えた。
（3） 重症事故に迅速に対応できるように、救急車を会場に待機させた。
（4） グラウンドから選手を担架搬送できるようにトレーニングした。

F ケーススタディ

問 208　ケーススタディ　**S さん、競技：マラソン（32 歳・女性）**

7 月に開催された市民マラソン大会に出場した S さんは、30 km 地点でめまい、頭痛によりレース途中で棄権しました。救護室に運ばれた S さんの意識ははっきりしており、体温を測定したところ 38℃でした。大会帯同医師より熱中症と診断されましたが、S さんのこの時の状態として適切なものを選びなさい。

(1)　熱けいれん

(2)　熱射病

(3)　熱疲労

(4)　熱失神

2級試験

解答編

問 1　正解 **2**

パラリンピックはもともと 1948 年のロンドンオリンピックと同時期に、戦争で負傷した兵士たちのリハビリテーションの一環として始められた大会が起源とされています。デフリンピックは聴覚障害を持つ選手を対象に行われている大会であり、聴覚障害はパラリンピックには含まれていません。　公式テキスト➡ p.21

問 2　正解 **1**

オリンピックマークは、オリンピックの創始者であるフランスのクーベルタンが製作したもので、ヨーロッパ、南北アメリカ、アフリカ、アジア、オセアニアの 5 つの大陸と、その相互の結合、連帯を意味しています。

問 3　正解 **2**

サッカーの試合は通常、1 チーム 11 人で行われます。東京パラリンピックでも採用されている視覚障害者サッカー（ブラインドサッカー）は 1 チーム 5 人（4 人の視覚障害者と GK として 1 人の晴眼者または弱視者）で行われます。

問 4　正解 **3**

スポーツの価値を脅かす脅威として、暴力・ハラスメント、試合の不正操作、八百長、人種差別、ガバナンスの欠如、ドーピング、贈収賄などがあります。

問 5　正解 **2**

2019 年ラグビーワールドカップは、9 月 20 日東京スタジアム（味の素スタジアム）での日本対ロシア戦で開幕し、札幌、釜石、熊谷、東京、横浜、静岡、豊田、東大阪、神戸、福岡、熊本、大分の 12 会場で行われる予定となっています。ホスト国として、日本選手の応援だけでなく、海外からやってくる選手やスタッフ、応援団への「おもてなし」も必要となってきます。（https://www.rugbyworldcup.com/）

問 6　正解 **1**

大相撲で初場所が行われる国技館は東京にあります。　公式テキスト➡ p.23

問 7　正解 **1**

骨粗しょう症は、通常閉経後の女性に多く見られますが、若い女性でも運動性無月経などの影響で骨密度が低下してくることがあります。運動による負荷が低すぎることによっても骨密度は低下します。骨密度が低下すると骨折や疲労骨折などのリスクが高まるので注意が必要です。

公式テキスト➡ p.27

問 8　正解 **2**

自分の意思で動かすことができる筋肉は骨格筋と呼ばれ、棘上筋、腸腰筋、上腕二頭筋はこれに含まれます。平滑筋は腸や膀胱などの内臓を動かす筋肉で、自分の意思とは無関係に調整される自律神経に支配されています。

公式テキスト➡ p.26

問 9　正解 **2**

三角筋の収縮→肩関節の挙上・外転、大腿直筋の収縮→膝関節の伸展、前脛骨筋の収縮→足関節の背屈、が正しい組み合わせとなります。筋肉の収縮と関節運動の関係を理解しておくことは、自身のトレーニングについて考えたり、スポーツ選手の動きをチェックする上で重要となります。

公式テキスト➡ p.26

問 10　正解 **2**

気管、左右の気管支、肺へと続く空気の通り道を呼吸器系と呼びます。横隔膜は筋肉であり、呼吸の補助として重要な役割を担っています。横隔膜の収縮により胸腔が広がって空気が吸い込まれ、弛緩により空気が吐き出される仕組みになっています。

公式テキスト➡ p.29,41

問 11　正解 **2**

心臓には右心房・右心室・左心房・左心室と呼ばれる 4 つの部屋があり、血液は、全身の組織→右心房→右心室→肺→左心房→左心室→全身の組織、という順番で循環しています。

公式テキスト➡ p.28

問 12　正解 **4**

全身に酸素を供給した血液は、右心房、右心室、肺へと送られ酸素を取り込み二酸化炭素を排出します。激しい運動やトレーニングを長期間続けると安静時の脈がゆっくりになる、いわゆるスポーツ心臓になります。肺に筋肉は存在せず、肺の周囲にある肋間筋、横隔膜、腹筋が働き胸郭が動くことで呼吸することができます。

公式テキスト➡ p.28,29

問 13　正解 **1, 2**

肩甲骨は上腕骨と肩関節（肩甲上腕関節）を、鎖骨と肩鎖関節を構成します。近位橈尺関節は橈骨と尺骨で構成される肘の関節であり、胸鎖関節は胸骨と鎖骨で構成する関節です。

公式テキスト➡ p.30

問 14　正解 **1, 2, 3, 4**

肩甲骨から起始する筋肉として、三角筋などのアウターマッスルや、棘上筋、棘下筋、肩甲下筋、小円筋などのインナーマッスルがあります。

公式テキスト➡ p.36

問 15　正解 **1**

上腕筋・上腕二頭筋は肘屈曲、腕橈骨筋は肘屈曲や前腕の回内外に作用します。

公式テキスト➡ p.30,70

問 16　正解 **4**

手の指（示指から小指）の骨は遠位より末節骨、中節骨、基節骨、中手骨の順になります。

公式テキスト➡ p.31

問 17　正解 **3**

肩甲骨は、上腕骨と肩関節を形成し、鎖骨と肩鎖関節を形成し、肋骨と肩甲胸郭関節を形成します。胸骨は、鎖骨と肋骨とそれぞれ胸鎖関節、胸肋関節を形成します。

公式テキスト➡ p.34〜35

問 18　正解 **1**

尺骨神経は上腕骨内側上顆の後方で、皮膚のすぐ下を走行しています。投球動作の繰り返しによっても尺骨神経の障害が起き、痛みや握力低下を起こすことがあります。

公式テキスト➡ p.31

問 19　正解 **1**

尺骨神経は上腕骨内側上顆の近くを走行しています。手関節は橈骨、尺骨、手根骨により構成されています。他の指にあって母指にない骨は中節骨です。

公式テキスト➡ p.30～31

問 20　正解 **3**

小円筋は肩の４つのインナーマッスルの１つです。棘上筋、棘下筋、肩甲下筋とともに上腕骨を後方から包み込むようにして上腕骨に付着しています。

公式テキスト➡ p.36,71

問 21　正解 **2**

鵞足には半腱様筋・半膜様筋・縫工筋などが停止します。大腿二頭筋は腓骨頭に、大腿筋膜張筋は腸脛靭帯に、大腿四頭筋は主に膝蓋腱を介して脛骨粗面に停止します。

公式テキスト➡ p.38,95

問 22　正解 **4**

a の関節は仙骨と腸骨で構成される仙腸関節です。骨盤の骨は恥骨、坐骨、腸骨の３つからなり、子供の時は３つの骨が軟骨によって結合していますが、成人になると結合し、一つの骨として寛骨と呼ばれます。

公式テキスト➡ p.32,34

問 23　正解 **1**

大腿前面にある大腿四頭筋は膝蓋骨を包んで膝蓋腱となり、脛骨粗面に付着しています。このため、オスグッド病では大腿四頭筋のストレッチが重要になります。

公式テキスト➡ p.38,92～93

問 24　正解 **3**

下腿後面にある腓腹筋（内側頭・外側頭）とヒラメ筋を合わせて下腿三頭筋と呼びます。歩行時に踵を浮かせる働きがあり、ランニングやジャンプなどで重要となります。

公式テキスト➡ p.39

問 25　正解 **2**

脛骨、腓骨、距骨で構成される関節のことを足関節（距腿関節）と呼びます。三角骨は、足関節を底屈（地面を蹴る動き）時に、足関節後方の痛みを生じる原因となります。痛みを生じる三角骨を有痛性三角骨と呼びます。

公式テキスト➡ p.33,102

問 26　正解 **3**

大腿筋膜張筋は、骨盤（腸骨）から始まり、大腿四頭筋の外側面にあり、腸脛靭帯となって脛骨に付着します。大腿四頭筋は、大腿直筋、外側広筋、中間広筋、内側広筋からなります。

公式テキスト➡ p.38,95

問 27　正解 **3**

第２頚椎には上方に伸びたツノのような歯突起という突起部があり、リングの形状をした第１頚椎がそこにはまり込み、歯突起を軸に回旋します。この仕組みによって顔を左右に大きく回すことができます。椎体と椎体の間にあるものは半月板ではなく「椎間板」です。半月板があるのは膝関節です。

公式テキスト➡ p.34～35

問 28　正解 **1**

後頭骨・頚椎・胸椎と肩甲骨をつないでいるアウターマッスルは僧帽筋です。肩を揉む際に皮下に触れる筋肉であり、この筋肉の張りは肩こりと表現されます。

公式テキスト➡ p.36,40

問 29　正解 **2**

腸腰筋は腸骨筋と大腰筋・小腰筋で構成され、体幹の深層にあって歩行やランニングで極めて重要な働きをしています。腸肋筋は背部にあって最長筋とともに脊柱起立筋とも呼ばれています。

公式テキスト➡ p.40～41

問30 正解 **3**

頚椎は7個、胸椎は12個、腰椎は5個の脊椎からなります。脊椎は前から見ると真っすぐですが、横から見ると頚椎は前方に、胸椎は後方に、腰椎は前方にゆるやかに突出したS字状のカーブを描きます。 公式テキスト➡ p.34〜35

問31 正解 **2**

腸腰筋は腸骨筋と大腰筋・小腰筋の総称であり、股関節の曲げる運動（屈曲）や、腰椎・骨盤・股関節の安定性に関わっています。 公式テキスト➡ p.41

問32 正解 **4**

僧帽筋は頚椎・胸椎と肩甲骨をつなぐアウターマッスルで、肩こりの原因となりやすい筋肉と一つです。腸腰筋は、腸骨筋、大腰筋、小腰筋を合わせたもので、股関節を屈曲させる働きをします。腸腰筋のタイトネスは伸展型腰痛の原因となります。腹直筋が収縮すると胸椎・腰椎は屈曲します。 公式テキスト➡ p.40〜41

問33 正解 **4**

スポーツ障害とは投球、ランニング、ジャンプ着地などによる軽微な外力が繰り返し身体に加わることで発生するもので、投球障害肩、腰椎分離症、アキレス腱炎、疲労骨折などがこれに含まれます。主な原因としては、不良な動作フォーム、柔軟性の不足、オーバーユース（使い過ぎ）などが考えられています。一方、スポーツ外傷とは一度の強い外力により発生するもので、肩関節脱臼、足関節捻挫などがこれに含まれます。 公式テキスト➡ p.44〜45

問34 正解 **1**

心肺蘇生時の胸骨圧迫は、1分間に約100〜120回のテンポで行います。
公式テキスト➡ p.48〜49

問35 正解 **3**

死戦期呼吸はしゃくりあげるような異常な呼吸で、正常に吸排気ができていない状態であり、心肺蘇生が必要です。呼吸の有無は胸部と腹部の動きを目視することで確認します。一般の人が心肺蘇生を行うとき、気道確保や人工呼吸は必ずしも要しませんが、胸骨圧迫は必須です。 公式テキスト➡ p.48〜49

問 36　正解 **4**

脳振盪は軽いケガと認識されてきた経緯があります。しかし、脳振盪を繰り返したアスリートが歳をとってから認知症などの症状を呈するケースが報告されるようになっており、決して軽視すべきケガではありません。急性硬膜下血腫では、脳とその内側にある硬膜という膜をつなぐ血管が損傷し、硬膜の下に生じた血腫が脳を圧迫します。死亡事故や重篤な後遺症を残す頻度の高い外傷です。

公式テキスト➡ p.52～53

問 37　正解 **1**

脳振盪を起こした場合、プレーを継続してはいけません。脳振盪後の数週間は 2 度目の脳振盪を起こしやすいと言われており、段階的競技復帰プロトコールに従い、時間をかけて競技に復帰する必要があります。Step1 では活動なし、Step 2 では軽い有酸素運動、Step3 ではスポーツに関連した運動（ランニングなど)、Step 4 では接触プレーのない運動・練習、Step5 ではメディカルチェックを受け接触プレー開始、Step 6 で競技復帰とされています。 公式テキスト➡ p.52

問 38　正解 **3**

「頭部外傷 10 か条の提言」の中で述べられている、ただちに救急搬送する必要がある人の症状は、急激に悪化する意識障害、手足の麻痺、言語障害、けいれん（ひきつけ)、何度も繰り返す嘔吐、瞳孔不同（瞳の大きさが左右で違う)、呼吸障害です。「めまい」はこの中には含まれません。しかし、受傷直後に気分の不調や違和感、軽い吐き気を訴える選手で、しばらくしてから症状が悪化するケースがあるため注意が必要です。 公式テキスト➡ p.50,53

問 39　正解 **2**

頭頚部外傷が疑われるプレーヤーへの対応として、迅速で適切な搬送処置は重要であり、日本臨床スポーツ医学会による「頭部外傷 10 か条の提言」でも搬送方法について詳しく記載されています。バックボードを使用した搬送方法として、担架要員が 5 人ならログロール法、8 人であればリフトアンドスライド法を選択します。どちらの方法でも、一人がプレーヤーの頭側に位置して頚部を固定します。ログロール法の場合は身体の横から、リフトアンドスライド法の場合は足元側から、バックボードを入れるようにします。 公式テキスト➡ p.53

問 40 正解 3

急性硬膜下血腫は脳と硬膜をつなぐ血管が損傷して起こるケガで、死亡事故につながる頭部スポーツ外傷の中で最も頻度が高いと言われています。早急に血腫を除去する手術が必要な場合もあり、治癒したとしても再発のリスクがあるため、競技によっては運営団体が復帰を認めていない場合があります。

公式テキスト➡ p.53

問 41 正解 4

脳振盪の段階的競技復帰プロトコールは問 37 の解説の通りです。競技や年齢によって、段階的復帰プロトコールを開始するまでの安静期間が異なるため、受傷後に症状が消失したからといって、全選手ですぐにこのプロトコールが開始されるということではありません。脳振盪についての対応は近年急速に整備されつつあり、最新の情報を知っておくことが重要です。 公式テキスト➡ p.52

問 42 正解 4

鼻出血を早く止めるための姿勢はやや前かがみの坐位姿勢が適切であり、仰向けでは血液が気管や食道に流れやすいため推奨されません。出血部位であるキーゼルバッハ部位は鼻の比較的浅い位置にあるので、骨がある鼻の根元の部分ではなく、軟らかい部分を圧迫して止血します。鼻骨の骨折が疑われる場合は無理に徒手で整復すると 2 次的な問題が生じやすいため、その場で安易に整復せずに医療機関を受診しましょう。 公式テキスト➡ p.55

問 43 正解 3

鼻の根元には鼻骨があります。歯の矯正中にスポーツをしてはならないということはなく、口腔内外傷予防のため、マウスガードを着用してスポーツを行うことが推奨されます。眼の外傷で、蚊が飛んでいるように見える症状は網膜の損傷が考えられるため、眼科受診が必要です。鼻出血の際は、座ってやや前かがみになり、鼻の柔らかい部分をしっかりと押さえるのが基本となります。上を向くと鼻から喉に流れて気分が悪くなることがあるため、勧められません。

公式テキスト➡ p.54～55

問 44　正解 **3**

Japan Coma Scale は日本で使用されている意識障害の評価スケールであり、Ⅰが刺激しなくても覚醒している状態、Ⅱが刺激すると覚醒する状態、Ⅲが覚醒しない状態と分けられています。覚醒の基準は開眼であり、声を掛けることも刺激の一つとなります。正常の状態は 0 とされます。スポーツ現場では意識の状態が時間の経過で変化することがあるため、評価は 1 回で十分ということはなく、複数回行うことがあります。 公式テキスト➡ p.51

問 45　正解 **3**

スポーツ中の歯牙損傷を予防するにはマウスガードが重要です。もし歯牙が脱臼した場合は保存液か牛乳などにいれ乾燥させないことが重要であり、保存状態が良ければ元の位置に整復固定することもできます。顔面への外力により歯牙が損傷するとともに顎骨が骨折している場合もあるため注意深い観察が必要です。

公式テキスト➡ p.54

問 46　正解 **3**

頭部受傷後は、意識がはっきりしている意識清明期と呼ばれる時間もあるため、経時的な観察が必要です。一回でも意識消失があれば医療機関受診が勧められます。重症例では呼吸障害も認められます。 公式テキスト➡ p.50

問 47　正解 **1**

初期の対応では、不用意に頚椎を動かすと悪化させる可能性があるため、頚椎を保護して搬送することが重要です。損傷する頚髄の部位によって麻痺する部位が異なり、より上位（頭に近い側）の麻痺であるほど、残存する機能は少なくなります。頚髄損傷は頚髄損傷では下肢や上肢に麻痺が生じることがあります。頚椎の外傷を完全に防ぐことは難しいですが、頚部周囲の筋力強化などを行うことは大切です。 公式テキスト➡ p.56〜57

問 48　正解 **4**

腰椎分離症は、腰を反らす動作や回旋する動作の繰り返しによって起こる疲労骨折であり、直接腰をぶつけて生じるものではありません。初期に適切な治療を行えば、疲労骨折を生じた部分の骨癒合が期待できますが、進行するにつれ癒合は得られにくくなります。成長期のスポーツ選手の腰痛は、早期の診断と適切な対応が特に重要です。 公式テキスト➡ p.60～61

問 49　正解 **3**

腰椎分離症では、上関節突起と下関節突起の間（関節突起間部）に疲労骨折が起こるとされています。（1）は椎体、（2）は椎弓根、（4）は棘突起です。

公式テキスト➡ p.60～61

問 50　正解 **4**

頚髄損傷では、上位（脳に近い方）の損傷であるほど、残存する機能は少なくなります。頚椎の脱臼を伴う場合は、整復のために手術が行われることがありますが、頚髄の損傷そのものを改善させることは困難です。頚椎椎間板ヘルニアでは、椎間板の一部が突出して脊髄や神経を圧迫し、首から上肢にかけての痛みやしびれ、上肢の筋力低下などを生じます。 公式テキスト➡ p.56～57,63

問 51　正解 **3**

腰椎分離症では、最初はスポーツ中やスポーツ後にのみ腰痛が出現し、重症化すると日常生活や安静時でも痛みを生じます。腰を曲げた時ではなく、反らした時（伸展時）の痛みが特徴です。ひどくなると腰を曲げた時（前屈時）の痛みや、下肢や殿部の痛みなども自覚することがありますが、下肢の麻痺が生じることは一般的にはありません。 公式テキスト➡ p.60～61

問 52　正解 **4**

頚髄損傷は、四肢の麻痺などの重大な後遺症が残る可能性のある外傷です。呼吸障害が生じるのは上位の頚髄損損傷により横隔膜を動かせない場合や、肋間筋麻痺の場合であり、下位の頚髄損傷では呼吸障害は起きません。

公式テキスト➡ p.56～57

問 53　正解 **4**

突出した椎間板組織をヘルニアと呼び、これが神経に接すると下肢のしびれや痛みを生じます。進行すると下肢が完全に麻痺することもあります。手術を要するケースもありますが、治療の基本は保存療法です。仰向けで膝を伸展したまま下肢を挙上させた際の、患側の殿部や下肢の神経痛の有無は診断に用いられます（下肢伸展挙上（SLR）テストと呼ばれる）。 公式テキスト➡ p.58～59

問 54　正解 **3**

腕相撲や投球動作などにより、上腕に捻りの力が加わることで、上腕骨がらせん状に骨折することがあります。この部位は血流が良いため、骨の癒合が得られやすい骨折ですが、橈骨神経などの麻痺が生じることもあるため注意が必要です。

公式テキスト➡ p.105

問 55　正解 **1**

肩関節を脱臼すると、強い痛みが生じ、肩を動かすことが困難となりますが、脱臼した上腕骨頭が自然に整復されることがあります。野球選手では、ヘッドスライディングやダイビングキャッチをした際に多く生じます。上腕骨頭が脱臼しやすい方向は前方です。脱臼による関節唇の損傷は自然に治癒しにくいため、手術による修復を要する場合があります。 公式テキスト➡ p.68～69

問 56　正解 **2**

肩関節に過度な負担が加わる投球動作を繰り返すと、成長期の選手（リトルリーガー）では力学的に脆弱な b の骨端線に損傷が生じます。a は上腕骨の骨幹部、c は三角筋、d は腱板（棘上筋など）であり、リトルリーガーズショルダーには該当しません。 公式テキスト➡ p.64

問 57　正解 **4**

肩関節の脱臼は、上腕骨頭が前方にずれて脱臼することが多く、強い痛みを伴い、一般的には肩を動かすことが困難となります。速やかに整復する必要がありますが、自然に整復されることもあります。 公式テキスト➡ p.68～69

問 58　正解 1

投球相は大きく 4 つに分けられ、コッキング期はステップする脚が最大挙上した後に投球側の肩が最大外旋するまでの時期です。投球障害肩のある選手では肩の後方にタイトネスがあることが多く、体幹や下肢のタイトネスを含めて肩の症状に関係します。 公式テキスト➡ p.66〜67

問 59　正解 1

肩鎖関節脱臼は受傷直後、痛みが強くプレー継続が困難なことが多いです。鎖骨遠位が骨折していることもあるため X 線検査は必要になります。脱臼すれば徒手的に整復することは不可能ですが、保存的に加療し競技復帰できることも多いです。 公式テキスト➡ p.70

問 60　正解 2

三角線維軟骨複合体（Triangular Fibrocartilage Complex:TFCC）は、ゴルフ、テニス、器械体操、コンタクトスポーツなどで手を強くつく動作や捻る動作で痛めやすい部位です。FCU は尺側手根屈筋のことであり、前下関節唇複合体―AIGHL は肩関節にある構造のこと、大腿寛骨臼インピンジメント－ FAI は股関節でのスポーツ障害のことを指します。 公式テキスト➡ p.79

問 61　正解 4

上腕骨小頭の離断性骨軟骨炎は成長期の外側型野球肘の主な原因であり、進行すると変形性肘関節症となり、肘関節の可動域制限が生じ、日常生活に支障を来たすことがあります。内側型は外側型と比べてより多く発生しますが、日常生活で支障を残すことはまれです。外側型は超音波検査によって診断することが可能であり、近年、超音波検査などによって早期に障害を発見する野球肘検診という活動が広まりつつあります。 公式テキスト➡ p.72〜73

問 62　正解 **3**

ラグビージャージフィンガーは、ラグビーなどで相手プレーヤーのジャージを指でつかんだ際に、屈曲していたDIP関節が急に伸展を強制され、深指屈筋腱が断裂することを指します。スキーヤーズサムでは母指MP関節側副靭帯が、ボクサー骨折は拳の突きによって小指（第5指）や薬指（第4指）の中手骨が骨折するもの指します。伸筋腱の付着部である末節骨で剥離骨折を起こすものをマレットフィンガーと呼びます。 公式テキスト➡ p.81

問 63　正解 **2**

野球肘は内側型と外側型に分けられ、内側は尺側を意味し、外側は橈側を意味します。内側型野球肘は成長期から成人まで発症する可能性があり、特に学童期では上腕骨内上顆骨端部が骨折することもあります。診断にはX線検査やMRI検査が用いられますが、超音波検査でも診断が可能なことがあります。損傷の程度や期間によっては、靭帯再建術などの手術が選択されることもあります。

公式テキスト➡ p.72〜73

問 64　正解 **2**

槌指（マレットフィンガー）とは、DIP関節を伸展させる腱付着部の損傷（剥離骨折）のことで放置するとDIP関節が伸展できなくなる外傷です。

公式テキスト➡ p.80

問 65　正解 **1**

離断性骨軟骨炎は外側型の野球肘とされ、上腕骨小頭に最も多く発生し、肘外側の痛みを生じます。 公式テキスト➡ p.72〜73

問 66　正解 **4**

体幹と下肢をつなぐ骨盤には数多くの筋肉が付着しています。成長期では筋が付着している部分の骨が成熟しておらず、スポーツ動作によって付着部の骨が急激に筋肉に引っ張られた際に裂離骨折を起こすことがあります。ハムストリングが付着する坐骨結節、大腿直筋・縫工筋・大腿筋膜張筋が付着する腸骨、腸腰筋や中殿筋が付着する大腿骨に発生しやすい骨折です。 公式テキスト➡ p.83

問67 正解 **1**

近年、股関節内の組織である股関節唇の損傷が、股関節痛の原因となるケースもあることがわかってきています。(2) は大腿骨頸部、(3) は大腿骨頭、(4) は関節包です。

公式テキスト➡ p.82

問68 正解 **1**

骨盤剥離骨折は大腿直筋、縫工筋が付着する腸骨棘 (a)、ハムストリングが付着する坐骨結節 (b)、腸腰筋が付着する大腿骨小転子に発生しやすいです。

公式テキスト➡ p.83

問69 正解 **1**

半膜様筋、半腱様筋、大腿二頭筋長頭は坐骨に、大腿二頭筋短頭は大腿骨に起始があります。

公式テキスト➡ p.83,108

問70 正解 **3**

前十字靭帯が損傷したままプレーを続けていると切り返しなどでガクンと膝が外れる膝崩れを生じることがあります。診断は専門の医師による徒手検査やMRI検査で行われます。前十字靭帯損傷はジャンプの着地や切り返し動作など非接触性の受傷機転で生じることが多く、直接膝をぶつけて生じることは少ないです。前十字靭帯損傷は自然治癒が望めないため、ジャンプ動作や切り返し動作を求められるスポーツに復帰するためには、手術が選択されます。

公式テキスト➡ p.84〜85

問71 正解 **2**

後十字靭帯損傷は、膝を地面や床にぶつけて受傷することが多く、損傷した靭帯からの出血により膝関節が腫れます。前十字靭帯損傷とは異なり、単独の損傷で手術が選択されることはまれで、複数の靭帯が同時に損傷した場合に手術が行われることがあります。

公式テキスト➡ p.88〜89

問72 正解 **4**

膝蓋骨が外側に脱臼する際、内側の靭帯が損傷することが多いです。脱臼を繰り返すこともあり、その場合手術が必要になります。

公式テキスト➡ p.94

問 73　正解 **1**

膝蓋骨脱臼は繰り返すことがあり、その場合は膝蓋骨の内側にある靭帯を再建する手術が適応になります。

公式テキスト➡ p.94

問 74　正解 **4**

MRI 検査で半月板の損傷が確認されても痛みなどの症状を訴えないケースもあります。

公式テキスト➡ p.86～87

問 75　正解 **4**

膝前十字靭帯損傷はカット動作やジャンプの着地時に受傷しやすく、膝後十字靭帯損傷は直接膝をぶつけて受傷することが多い外傷です。膝内側側副靭帯損傷は保存加療が第一選択となることが多い外傷です。

公式テキスト➡ p.84～89

問 76　正解 **4**

スキーヤーズサムはスキー中に握ったストックをついた時、母指の MP 関節が正常可動域を超えて動き、靭帯が損傷するケガです。ジョーンズ骨折はサッカー選手によくみられる第 5 中足骨近位部（足の外側部）の疲労骨折です。足底腱膜炎は踵骨と足趾をつなぐ腱性の膜に炎症や痛みが生じるものであり、中高年のランナーでよくみられます。三角骨とは足関節にある距骨の後方に生じる過剰骨で、クラシックバレエなどで足関節の底屈動作を繰り返すと、この部位に痛みを生じることがあります。

公式テキスト➡ p.81,102～103,107

問 77　正解 **2**

陸上選手などでランニング中に下腿の中下 3 分の 1 の脛骨内側に痛みが生じるスポーツ障害をシンスプリントと呼びます。シンスプリントの原因としては、過度なランニング量のみでなく、足部のアライメントやアーチ構造、ランニングフォーム、グラウンドやシューズなどが挙げられます。脛骨の疲労骨折でも同様の部位に痛みを生じるため、シンスプリントだと安易に自己判断せずに X 線検査や MRI 検査を受けて疲労骨折の有無を確認してもらうことが大切です。

公式テキスト➡ p.100～101

問78 正解 **3**

リスフラン関節は中足骨と足根骨の間の関節で、リスフラン靭帯は内側（第一）楔状骨と第2中足骨基部をつなぐ靭帯です。前足部を捻挫して、このリスフラン靭帯を損傷した場合、荷重が困難となります。足関節の捻挫と比べ、症状が長引きやすいため、局所の安静とアスリハを含めた治療が重要であり、損傷の程度によっては手術が選択されることがあります。 公式テキスト➡ p.103

問79 正解 **4**

アキレス腱は下腿三頭筋の遠位部の腱であり、断裂すると足関節の底屈が困難になります。アキレス腱は皮下に触れることができる腱であり、徒手検査で診断可能です。保存治療では、腱の断裂部が近づくように足関節を底屈位で固定しますが、早期復帰や再断裂のリスクを考え、競技レベルのスポーツ選手では手術が勧められます。 公式テキスト➡ p.98〜99

問80 正解 **3**

足底腱膜は足のアーチの保持と荷重時の衝撃吸収に重要な役割を果たしています。足底腱膜炎は中高年のランナーに多く、レントゲンで踵骨の骨棘を認めることがあります。下腿三頭筋のストレッチとともに、膝関節や股関節の機能を高めるためのアスリハも重要になります。 公式テキスト➡ p.103

問81 正解 **1**

サッカー選手で頻度が高い、第5中足骨近位部の疲労骨折をジョーンズ骨折と呼びます。難治性のため、手術が行われることもあります。足趾や足関節の動きのほか、股関節の可動域などアスリハが重要です。 公式テキスト➡ p.107

問82 正解 **2**

三角骨とは距骨の後方に生じる過剰骨のことです。足舟状骨内側に生じる過剰骨は外脛骨といわれます。 公式テキスト➡ p.102

問83 正解 **4**

足底腱膜は、踵骨と足趾の基節骨をつなぐ腱性の膜です。アキレス腱は下腿三頭筋を踵骨につなぐ腱です。 公式テキスト➡ p.39,103

問 84　正解 **2**

フットボーラーズアンクル（足関節インピジメント）では脛骨と距骨が衝突することでできる骨棘や三角骨が痛みの原因となります。 公式テキスト➡ p.102

問 85　正解 **3**

第 5 中足骨基部の疲労骨折は Jones 骨折とも呼ばれ、サッカーで頻度が高い疲労骨折です。肘頭疲労骨折は野球などの投球動作の繰り返しで発生します。脛骨骨幹部はバスケットボールなどジャンプの着地が多いスポーツで多く発生します。

公式テキスト➡ p.107

問 86　正解 **1**

肉離れは、軽度であれば 2 週くらいでの復帰、中程度であれあば 6 - 8 週の復帰が目安となる。腱の断裂や腱が骨に付着する部位での剥離は重度に分類され、場合によって手術が選択される。モモカンは直接ぶつかって受傷する筋挫傷のことである。 公式テキスト➡ p.108

問 87　正解 **4**

疲労骨折の発生頻度が高い部位は下肢です。

公式テキスト➡ p.106〜107

問 88　正解 **2**

痛みや炎症の強い受傷後早期では、主にメディカルリハビリテーションが実施され、腫れの軽減・関節運動の改善・筋萎縮の予防を目的として行われます。瞬発力の向上を目的としたトレーニングは、痛みや炎症が軽減し、組織が修復された段階から開始します。 公式テキスト➡ p.111

問 89　正解 **4**

実際の練習や試合に向けて敏捷性、俊敏性を高めるため、ラダーやハードルを使用したアジリティ・トレーニングが行われるのは、痛みや炎症が消失し、組織修復が完了した時期です。 公式テキスト➡ p.111,127

問 90 正解 **3**

アスリハでは、痛み・炎症・組織の治癒過程を考慮して、物理療法（アイシング、超音波治療、電気治療、マッサージなど）、ストレッチ、筋力トレーニング、基本動作トレーニング、競技動作トレーニング、テーピング・装具などが行われます。ドーピングはいかなる時も行ってはいけません。 公式テキスト➡ p.110,175

問 91 正解 **4**

成長期にマシンなどを使用したウェイトトレーニングをやりすぎると、腱が付着する骨端に痛みが生じやすいため、自身の体重や軽い抵抗を用いたトレーニングが適切です。理学療法士やアスレティックトレーナーの指導を受ける環境を作ることも、今後のスポーツ界には必要です。 公式テキスト➡ p.45,140～141,166

問 92 正解 **3**

持久力の改善には、低負荷・高頻度のトレーニングを行うことが効果的です。全身持久力の改善には、長距離走や水泳などの有酸素運動で大きな筋群を使うトレーニングを、心拍数が上がり過ぎない状態で継続して行い、最大酸素摂取量を高めることが重要です。成人の場合200回/分という心拍数は、予測式から算出される最大心拍数を超えるものであり運動負荷が高すぎるといえます。マッサージで筋肉の柔軟性が増しても筋持久力が増大することはありません。

公式テキスト➡ p.28,29

問 93 正解 **2**

野球やサッカーなどの様々なスポーツ現場において、定期的なメディカルチェックが行われており、先天性疾患の発見や、筋力や柔軟性の低下といったケガのリスクを調査することが主な目的です。メディカルチェックにより、ケガが早期に発見された場合は早期に治療の計画を立てることで重症化を防ぐことにつながります。また筋力や柔軟性の低下など、ケガ発生のリスクを増加させるような身体的特徴が発見された場合は、それぞれの問題点に対するコンディショニング方法を指導することで障害予防につながります。スポーツ現場でのメディカルチェックは、一般的にはケガ予防やパフォーマンス向上のために行うもので、その場で治療をしてその効果を調べるために行うものではありません。

問 94　正解 **4**

日本におけるアスレティックトレーナーは団体の認定資格であるため、診断や注射、薬の処方などの医療行為を行うことはできません。しかし、日本赤十字社の救急法救急員の資格取得が義務付けられており、一次救命処置を行うための専門的な技術と知識を有しています。アスレティックトレーナーが様々な大会に帯同することが望ましいことですが、現状では一部に限られています。

公式テキスト➡ p.110

問 95　正解 **2**

筋持久力の改善には、低負荷・高頻度のトレーニングを行うことが効果的です。高強度・低頻度のトレーニングは最大筋力や筋パワーを改善するために行います。ストレッチやマッサージでは運動のためのウォームアップにはなりますが、筋持久力が改善するということにはつながりません。

公式テキスト➡ p.28～29

問 96　正解 **3**

組織が修復される時期では筋力強化、関節安定化、持久力維持を目的としたストレッチ、筋力トレーニングや基本動作トレーニングを行い、組織修復が完了した段階で、必要に応じてテーピングや装具を使用しながら、再発予防と競技復帰を目的としたアジリティエクササイズや競技動作トレーニングを段階的に開始します。テーピングで関節固定したとしても、組織が修復される時期に無理な競技トレーニングを開始すると自然な治癒が阻害され、症状が長引くことがあります。

公式テキスト➡ p.110～111

問 97　正解 **4**

再発予防と競技復帰に向けたアジリティや競技動作のトレーニングは、組織修復が完了した段階で開始します。必要に応じてテーピングや装具が使用されます。テーピングで固定したとしても、組織の修復が不十分な時期に無理なトレーニングを行うと自然な治癒が阻害され、症状が長引くことがあるため注意が必要です。

公式テキスト➡ p.110～111

問 98　正解 **4**

メディカルリハビリテーションは、痛みや炎症の強い時期あるいはそれらが軽減され、組織が修復される時期に実施されます。そのため、メディカルリハビリテーションの段階では患部に負担のない範囲で物理療法、ストレッチ、筋力トレーニング等が実施されます。 公式テキスト➡ p.111

問 99　正解 **4**

超音波治療などの物理療法は痛みや腫れの軽減を目的に実施します。競技動作トレーニングは組織修復が完了した時期に動作確認・修正を目的に実施します。テーピングは再受傷の予防や関節の安定化のために実施します。

公式テキスト➡ p.110～111

問 100　正解 **3**

痛みや炎症の強い時期には、受傷部位の自然な治癒過程を妨げないよう、競技動作の確認・修正や筋力強化（患部）は避けた方がよいでしょう。筋萎縮予防は痛みや炎症の強い時期から患部に過度なストレスがかからない範囲で開始した方が良いでしょう。 公式テキスト➡ p.110～111

問 101　正解 **4**

ストレッチにはいくつかの種類があり、静的ストレッチ、動的ストレッチ、バリスティックストレッチに分けられます。静的ストレッチはゆっくりと関節を動かし、痛みが出る直前の姿勢で数十秒静止するものであり、筋肉の柔軟性や関節の可動範囲を効果的に増大することができるため、クールダウンに適しています。バリスティックストレッチはラジオ体操のように反動を利用して関節を動かすものであり、運動前のウォームアップとして筋肉の緊張を適度に高めるために利用されます。動的ストレッチでは競技動作を模倣した運動を利用しますが、バリスティックストレッチのように反動は使いません。 公式テキスト➡ p.114～115

問 102　正解 **4**

（4）は股関節外転筋ではなく、内転筋のストレッチを示しています。股関節外転筋である中殿筋などは股関節の外側にあるため、大腿を内側に閉じる運動でストレッチされます。 公式テキスト➡ p.115,133

問 103　正解 **1**

ストレッチにはいくつかの種類があり、静的ストレッチ、動的ストレッチ、バリスティックストレッチに分けられます。静的ストレッチはゆっくりと関節を動かし、痛みが出る直前の姿勢で数十秒静止するものであり、筋肉の柔軟性や関節の可動範囲を効果的に増大することができるため、クールダウンに適しています。伸張反射を促進するストレッチはバリスティックストレッチや動的ストレッチで、運動前のウォームアップとして筋肉の緊張を適度に高めるために利用されます。

公式テキスト➡ p.110～117

問 104　正解 **3**

ストレッチにはいくつかの種類があり、静的ストレッチ、動的ストレッチ、バリスティックストレッチに分けられます。バリスティックストレッチや動的ストレッチは伸張反射を促進するものであり、運動前のウォームアップとして筋肉の緊張を適度に高めるために利用されます。運動後のクールダウンに適しているのは、ゆっくりと関節を動かし、痛みが出る直前の姿勢で数十秒静止する静的ストレッチです。

公式テキスト➡ p.110～117

問 105　正解 **3**

腰痛に対してはストレッチやトレーニングも重要ですが、腰部に負担がかかりにくい理想的な姿勢を理解して、習慣化することが大切です。腰を過度に反る背筋トレーニングは伸展型腰痛を悪化させる可能性があるため、推奨されません。

公式テキスト➡ p.118～119

問 106　正解 **3**

腰痛は伸展型と屈曲型のタイプでタイトネスや筋力低下の特徴が異なります。伸展型腰痛は骨盤が過度に前傾していることが多く、脊柱起立筋、腸腰筋、大腿筋膜張筋、大腿四頭筋、ヒラメ筋にタイトネスが生じ、大殿筋、腹直筋の筋力低下が生じやすくなります。一方で、屈曲型腰痛は腹直筋、大殿筋、ハムストリング、腓腹筋のタイトネスが生じ、脊柱起立筋や腸腰筋の筋力低下が生じやすくなります。腰痛に対するアスリハでは、上記のタイトネスや筋力低下の特徴を理解してストレッチやトレーニングを行い、不良姿勢の改善を目指します。屈曲型腰痛でみられる姿勢では脊柱起立筋は常にストレッチされ、筋力が発揮しにくい状況となっていることが多いため、ストレッチよりは活動を高めるようなトレーニングを行います。

公式テキスト➡ p.118〜123

問 107　正解 **2**

腰痛は伸展型と屈曲型に分類することができます。屈曲型腰痛の代表的な疾患は椎間板ヘルニアで、伸展型腰痛の代表的な疾患は腰椎分離症です。腰椎圧迫骨折や腰椎横突起骨折はスポーツ中の激しい転倒や打撲によって受傷する外傷です。

公式テキスト➡ p.118〜123

問 108　正解 **1**

伸展型腰痛では大殿筋や腹直筋の筋力低下が生じやすく、屈曲型腰痛では脊柱起立筋および腸腰筋の筋力低下が生じやすい。そのため伸展型腰痛では大殿筋や腹直筋の筋力を強化すべきであり、屈曲型腰痛では脊柱起立筋や腸腰筋の筋力を強化すべきです。(2)、(3)、(4) の組み合わせは腰痛を助長してしまうことがあります。

公式テキスト➡ p.122〜123

問 109　正解 **2**

伸展型腰痛のある選手では脊柱起立筋や大腿四頭筋、腸腰筋などのタイトネスを認めやすいため、これらの筋の柔軟性を改善するためのストレッチが重要になります。

公式テキスト➡ p.120〜121

問 110　正解 **1**

屈曲型腰痛のある選手では大殿筋、ハムストリング、腓腹筋や腹直筋などのタイトネスを認めやすいため、これらの筋の柔軟性を改善するためのストレッチが重要となります。一方、伸展型腰痛のある選手では脊柱起立筋、大腿四頭筋、腸腰筋などの柔軟性改善が重要となります。 公式テキスト➡ p.120～121

問 111　正解 **1**

(2) はハムストリング（右側）のストレッチ、(3) は腰背部筋および殿筋のストレッチ、(4) は殿筋（右側）のストレッチになります。

公式テキスト➡ p.114～117,120～121

問 112　正解 **3**

伸展型腰痛のある選手では、体幹筋力の強化のためとはいえ、体幹（腰部）を過度に伸展させるトレーニングは腰痛を増悪させる可能性があるため適切とは言えません。 公式テキスト➡ p.118～123

問 113　正解 **2**

(2) はハムストリングのストレッチであり、体幹の安定性を高めることが主目的ではありません。その他のエクササイズは、非対称な姿勢や、腰部の過度な屈曲・伸展を修正しながら行うことで体幹の安定性向上につながります。

公式テキスト➡ p.122～123

問 114　正解 **4**

(4) は単純なスクワット姿勢であり、広背筋はストレッチされていません。広背筋は腕を上に挙げることでストレッチされます。 公式テキスト➡ p.115,126

問115 正解 **2**

膝内側側副靭帯損傷の受傷原因には切り返し動作やジャンプ着地動作などで膝が内側へ入って損傷する非接触型損傷と、膝の外側から直接外力を受け膝が内側へ入り損傷する接触型損傷があります。足関節内がえし捻挫は、つま先が内側へ向き膝が外側に入るToe-in & Knee-outでの切り返し動作やジャンプ着地で足関節の内がえしが強制されることで生じます。グロインペインは特にボールキックの多いサッカーなどの競技で好発し、キック動作の繰り返しが原因の一つとして挙げられます。ハムストリング肉離れは走行中の蹴り出しの際などに筋肉が急激に伸ばされて生じることが多いケガです。

公式テキスト➡ p.88,96,140,142〜145,152

問116 正解 **4**

立位やジャンプ着地において、つま先や膝が向く方向によって、受傷しやすい外傷・障害があります。つま先が外側を向き、膝が内側を向く姿勢では、膝や下腿の内側を受傷しやすく、(1)、(2)、(3) などの外傷・障害との関連が考えられます。一方つま先が内側を向き、膝が外側を向く姿勢では、膝や下腿・足関節の外側を受傷しやすく、(4) などの外傷・障害との関連が考えられ、膝やつま先の位置関係をコントロールすることが重要となります。

公式テキスト➡ p.88〜89,94〜97,100〜101

問117 正解 **2**

足関節捻挫の急性期では足関節自体はしっかり固定することが重要です。しかし、循環状態を保ち、足趾の拘縮や機能低下を予防するために足趾は固定せずに可能な範囲で屈伸運動や開く運動をすることが推奨されます。

公式テキスト➡ p.90〜91,96〜101

問118 正解 **2**

(1) は殿筋群 (右)、(3) は殿筋およびハムストリング (右)、(4) は下腿三頭筋の筋力トレーニングになります。腓骨筋は下腿の外側から足部に走行する筋で、セラバンドなどを利用して足部を外側に捻る (外反) 運動をすることで強化できます。

公式テキスト➡ p.124〜127,146〜147

問 119　正解 **2**

大腿四頭筋のセッティングは膝関節に過度な負担をかけずに行うことができるため、膝の靭帯損傷後や手術後のトレーニングとして用いられます。膝のお皿も上下左右に動かすことは膝周囲の拘縮を予防するために重要です。膝関節に過度なストレスを与えないために、片脚スクワットでは体幹を左右に傾けず、膝が内側に入らないようにコントロールすることが大切です。膝関節にかかる負荷が比較的大きい競技動作トレーニングは腫れなどの炎症が落ち着いてから開始するのが望ましいです。 公式テキスト➡ p.128～131

問 120　正解 **1**

膝前十字靭帯損傷は、自然修復があまり期待できないケガで、スポーツ復帰を目指す場合は手術療法が選択されます。手術後の復帰を早めるために、術前にも可動域や筋力を正常に近づけておくことが大切です。再受傷予防のためには、股関節や体幹の機能を改善することが重要であり、テーピングや装具を使用して活動に参加することも検討されます。 公式テキスト➡ p.128～131

問 121　正解 **2**

膝靭帯や半月板の損傷に対して、術前・術後の早期から安全かつ効果的に行うことができるトレーニングとして大腿四頭筋のセッティングがあります。大腿四頭筋のセッティングでは太ももの筋肉を引き締め、お皿を上に引き上げるよう力を入れ、太ももの内側にある内側広筋を意識することが特に大切です。

公式テキスト➡ p.128～131

問 122　正解 **1**

片脚立位でのバランストレーニングは受傷直後や術直後のリハビリテーションとしては患部への負荷が大きすぎるため不適切と言えます。

公式テキスト➡ p.128～131

問 123　正解 **3**

テニスのバックハンドストローク時など手首を反らす動作では手関節背屈筋群が強く働くため、それらの筋肉が付着する肘の外側（上腕骨外側上顆）に負担がかかります。そのため、手関節を伸展（背屈）させる筋肉のストレッチがより重要となります。　公式テキスト➡ p.76〜77,132〜133

問 124　正解 **3**

肩にある腱板と呼ばれる筋肉は肩甲骨に対して上腕骨を安定させる働きがあり、棘上筋、棘下筋、小円筋、肩甲下筋の４つから構成されます。棘上筋は肩外転（上腕を外から挙上する）、棘下筋と小円筋は肩外旋（上腕を外へ開く）、肩甲下筋は肩内旋（上腕を内へ閉じる）の運動で主に働きます。これらの運動中にチューブやバンドで軽い抵抗をかけながらトレーニングをすることで腱板の働きが改善します。(3) は小円筋ではなく上腕三頭筋や広背筋のトレーニングです。

公式テキスト➡ p.134

問 125　正解 **3**

肩のインナーマッスルは腱板とよばれる棘上筋、棘下筋、小円筋、肩甲下筋からなります。これらの筋は肩甲骨に対して上腕骨を安定させた状態で動かす働きがあります。棘上筋は外転（上腕を外に挙上する)、棘下筋と小円筋は外旋（上腕を外へ開く)、肩甲下筋は内旋（上腕を内へ閉じる）の運動で主に働きます。チューブやバンドなど軽い抵抗をかけて動かすことで腱板が強化されます。(4) は主に広背筋や僧帽筋の強化を目的としたトレーニングです。

公式テキスト➡ p.132〜134

問 126　正解 **2**

動的ストレッチのツイストランジでは，広背筋，腹斜筋，腸腰筋，大殿筋，大腿四頭筋，ハムストリングなどがストレッチされます。上腕二頭筋は肩挙上位で肘が屈曲しているのでストレッチされません。　公式テキスト➡ p.114〜116

問 127　正解 **1**

野球肘は大きく内側型（内側上顆の障害）と外側型（上腕骨小頭の離断性骨軟骨炎）に分類されます。内側型、外側型ともにX線検査は必須であり、医療機関を受診する必要があります。いずれの場合でも、安静やアスリハを含めた保存治療が重要です（進行した外側型の場合、手術が勧められることもあります）。

公式テキスト➡ p.72〜73,136〜139

問 128　正解 **2**

受傷後に足関節を固定する場合、足の指まで固定する必要はありません。バランストレーニングは痛みや腫れなどの炎症症状が落ち着いてから開始します。テーピングは足関節を90°に保ち巻くことが基本です。足関節捻挫後は、足関節の安定性を向上させ再発を予防するために足関節の筋力トレーニングだけでなく、下肢全体を強化することが大切です。

公式テキスト➡ p.96〜97,140〜143

問 129　正解 **1**

スクワット動作において、体幹が過度に回旋・傾斜した姿勢、重心が後方に位置し膝が極端に前に出た姿勢、膝が過度に内側に入った姿勢は、膝の過度な負担や症状の増悪につながります。ジャンパー膝の改善・予防のためには、これらの不良な姿勢を修正して理想的なスクワットを習得することが重要です。

公式テキスト➡ p.140〜143

問 130　正解 **2**

足関節の内がえし捻挫の受傷原因となる動作として、Toe-in & Knee-out という、つま先が内に入り、膝が外を向く不良な位置関係が挙げられます。再発予防のためには、足関節運動やスポーツ活動中にToe-in & Knee-out とならないような動作を習得することが大切です。バランストレーニング、内がえしを防ぐための腓骨筋のトレーニングも推奨されます。

公式テキスト➡ p.140〜143

問 131　正解 3

足関節内がえし捻挫の再発予防として，外がえしに作用する腓骨筋を強化することが推奨されています。（1）バランス練習は急性期以降であれば症状に合わせて可能であり、再発予防に有効です。（2）手術直後ではなく、術後 2〜3 か月から指導されることが一般的です（下腿近位部にもチューブを巻いて膝を伸ばすトレーニングはもう少し早い段階で指導されることがあります）。（4）股関節周囲筋を強化することは切り返し動作で腰椎や骨盤の安定性を高めるのに非常に重要です。

公式テキスト➡ p.140〜143

問 132　正解 1

膝前十字靭帯損傷はジャンプの着地や方向転換で踏ん張った際に膝を捻って受傷する非接触型が多いといわれています。走行、ジャンプ着地、切り返しで膝が内側に入りやすい人は受傷しやすいため，これらを改善するような予防エクササイズが推奨されます。

公式テキスト➡ p.84〜85,140〜143

問 133　正解 2

オスグッド病はジャンプ着地を繰り返すスポーツで発生しやすい障害で、大腿四頭筋が付着する脛骨粗面に繰り返し負担がかかることで痛みが生じます。アスリハとして、股関節周囲や足関節周囲のストレッチも重要ですが、最も重要となるのは大腿四頭筋（特に大腿直筋）の柔軟性を高めるストレッチです。

公式テキスト➡ p.144〜147

問 134　正解 3

膝内側側副靭帯損傷は膝が内側を向いた姿勢での片脚着地や方向転換で発生しやすいです。また、膝の外側から強い外力が加わることでも受傷します。アスリハではこのような不良姿勢を修正することや、そのために体幹や股関節の機能を改善することが大切です。

公式テキスト➡ p.144〜147

問 135　正解 **3**

ジョーンズ骨折予防のためのエクササイズでは，足底の外側に荷重が偏っている場合は地面をバランス良く捉えるように修正する必要があります。

公式テキスト➡ p.144～147

問 136　正解 **1**

脳振盪は衝撃で頭部が激しく揺れることで起こるため、ヘッドキャップを着用しても防ぐことはできません。脳振盪を起こした後に競技復帰する際は、段階的競技復帰プロトコールに従い、最終的にメディカルチェックを受けてからコンタクトプレーに復帰することが推奨されています。 公式テキスト➡ p.52,148～151

問 137　正解 **2**

脳振盪の段階的競技復帰プロトコールでは、各段階は 24 時間以上あけて症状がなければ次の段階に進むことが推奨されています。順番として、①症状がなくても 24 時間以上は完全に休み、②休んだ後は軽い有酸素運動（ウォーキングなど）から開始します。次に、③ランニングなどのスポーツに関連した運動、④コンタクト（接触）プレーのない運動をして問題がなければ、⑤メディカルチェックをしてからコンタクトプレーに進み、これで問題がなければ競技復帰に進みます。

公式テキスト➡ p.52,148～149

問 138　正解 **4**

肩関節脱臼の手術後のスポーツ復帰には通常 4～6 か月を要します。脱臼を繰り返す反復性肩関節脱臼になった場合は，筋力トレーニングによる改善には限界があり，手術療法が選択されます。手術後 3 週間程度は装具を着用し患部を安静に保ちます。低強度の等尺性筋力トレーニングは専門家の指示のもと装具を着用している段階から徐々に行います。 公式テキスト➡ p.52,148～149

問 139　正解 **1**

うさぎ跳びはシンスプリントに有効であるという根拠はなく、膝を痛めてしまうことがあります。腸脛靭帯炎に対してはストレッチ、筋力トレーニング、フォーム修正などが第一選択となります。三角骨障害は有痛性三角骨とも呼ばれ足の底屈を繰り返すバレエダンサーなどに多く発生します。足底腱膜とは足の裏にある腱であり足のアーチ（土踏まず）を保ち荷重時の衝撃吸収に役割があります。ふくらはぎにある筋肉のストレッチは足底腱膜へのストレスを減らすために有効です。　公式テキスト➡ p.95,100〜101,126

問 140　正解 **2**

肉離れの損傷の程度に応じて組織が修復される時期から徐々にストレッチを行います。肉離れの受傷直後はストレッチは行わず、患部の安静を保って組織修復を優先させます。関節を素早く動かすよりもゆっくりと動かして筋を持続的にストレッチする方法が安全です。　公式テキスト➡ p.108,152〜155

問 141　正解 **1**

足関節捻挫予防のためのテーピングでは、スターアップ（外側の支え）、ヒールロック（踵の固定）、フィギア・エイト（足首の固定）の 3 つが特に重要です。アンカーやサーキュラーは各テープの固定や土台となる巻き方です。汗や汚れ、体毛がない方がテープの固定性が良くなります。長時間の使用や強い締め付けにより血行不良や摩擦による傷や水ぶくれを生じることがあるので注意が必要です。テーピングはケガの予防や応急処置を目的とするので、アスリハやトレーニングは継続して機能改善に取り組む必要があります。　公式テキスト➡ p.156〜157

問 142　正解 **3**

顔面外傷後に使用するフェイスガードは FIFA でも認められています。ビーチバレーなどでは、紫外線予防のためにサングラスを着用します。歯の矯正をしているときは、マウスガードの着用が勧められます。脳振盪は頭部が揺さぶられて生じることがあるため、ヘルメットを装着していても生じます。

公式テキスト➡ p.50,54〜55

問 143　正解 **1**

（1）は肩関節脱臼の手術後に患部の安静を保つためのスリング装具です。（2）は膝の前十字靭帯損傷や手術後に使用する硬性装具です。（3）はテニス肘のためのサポーターで、筋肉を圧迫して痛みを軽減させる目的で使用します。（4）は足関節捻挫（足関節外側靭帯損傷）受傷後の固定あるいは再発予防のために装着するサポーターです。　公式テキスト➡ p.158〜159

問 144　正解 **1**

試合当日の食事は、糖質を十分に摂取し、脂質を控えるのが基本です。試合開始時間から 3〜4 時間前までには食事を済ませておきましょう。消化に時間のかかるステーキやトンカツなどの揚げ物、生の刺身や刺激物などは控えた方が良いです。お腹がすくようならば、試合開始の 1 時間前までならおにぎりやバナナなど、1 時間を切った後はエネルギー補給用のドリンクやゼリーの摂取が勧められます。試合後は、身体の回復のため、糖質とタンパク質をしっかり補給しましょう。

公式テキスト➡ p.162

問 145　正解 **2**

1 日に消費する（必要な）エネルギー量は体重と体脂肪率から計算できます（推定エネルギー必要量＝ 28.5 ×脂肪を除いた体重×身体活動レベル）。肉、魚介、卵、豆などは糖質ではなく、主にタンパク質を摂取する食材です。また、オフトレーニング期よりも通常練習期でより多くのエネルギーが必要であり、エネルギーの消費量に男女差はありません。　公式テキスト➡ p.162

問 146　正解 **1**

日本産科婦人科学会が定義する正常な月経周期は、25〜38 日です。妊娠や産褥期等の生理的な場合を除き、正常な周期でみられていた月経が 3 か月以上停止している状態を続発性無月経と呼び、産婦人科受診の対象となります。

公式テキスト➡ p.167

問 147　正解 **3**

卵巣で産生され、月経周期に関わる女性に特有のホルモンとして、エストロゲンやプロゲステロンが挙げられます。甲状腺ホルモンは甲状腺から、成長ホルモンは脳下垂体から、テストステロンは精巣や副腎などから放出されるホルモンです。

公式テキスト➡ p.166

問 148　正解 **3**

成人の男女の性差として筋力や瞬発力と同様に、肺活量や血液量も男性が高い値を示します。激しい運動により月経が3か月以上停止した状態を運動性無月経と呼び、その結果骨量が減少し、疲労骨折を起こしやすくなります。

公式テキスト➡ p.166～167

問 149　正解 **1**

女性アスリートでは、過度なスポーツが無月経の原因となることがあり、月経が3か月以上停止した状態を運動性無月経と呼びます。その結果、骨量が減少し疲労骨折を起こしやすくなります。瞬発力は女性より男性の方が高い値を示します。女性の第二次性徴に関するホルモンはエストロゲンです。

公式テキスト➡ p.166～167

問 150　正解 **2**

心臓震盪は胸部に衝撃が加わったことにより致死的な不整脈が誘発されるもので、多くはスポーツ中の子供や若い人に起こります。もし発生した場合は一刻も早くAEDを使用する必要があります。AEDは誰でも簡単に使用することができるので、心肺停止を疑った場合は迷わず使用しましょう。

公式テキスト➡ p.169

問 151　正解 **3**

骨は中央の骨幹部ではなく、端に近い部位にある骨端線において長くなります。心臓震盪は胸部にボールがあたり不整脈が生じるものであり、胸骨圧迫やAEDなどの救命処置が重要です。小児では、成人より体の水分割合が多く、脱水や熱中症になりやすいため、指導者や保護者は十分に注意する必要があります。シーバー病は踵骨で生じる骨端症であり、踵に痛みを訴えます。

公式テキスト➡ p.168～169

問 152　正解 **3**

成長期では骨の成長速度が筋肉や腱の成長速度より早くなります。このため、筋肉や腱による牽引力が過大になり、腱の付着する骨端に痛みが生じることがあり、骨端症と呼ばれます。踵骨での骨端症はシーバー病、大腿四頭筋が付着する脛骨での骨端症がオスグッド病と呼ばれます。成長期の骨は、骨を覆う骨膜の部分で太くなり、骨端線（成長線）で長くなります。骨の成長速度のピークは女子の方が早く訪れます。

公式テキスト➡ p.168

問 153　正解 **4**

いずれも成長期に発生しやすいスポーツ外傷・障害ですが、腰椎分離症は腰椎に発生する疲労骨折です。オスグッド病は脛骨粗面、リトルリーガーズショルダーは上腕骨、骨盤裂離骨折は腸骨・坐骨の骨端線の損傷です。

公式テキスト➡ p.60,64,83,92

問 154　正解 **4**

現在、パラリンピックの名称は、「Olympic（オリンピック）」と「parallel（もう一つの、平行）」との造語として「もうひとつのオリンピック」として位置付けられています。1964 年東京大会では、車椅子使用者だけでなく、多くの障がい者に門戸を広げて実施されましたが、この形式は継承されず、次に車いす以外の障がい者が参加できるようになったのは、1976 年トロント大会からです。

公式テキスト➡ p.21

問 155　正解 **1**

第 1 回パラリンピックは 1960 年ローマ大会で開催されました。デフリンピックは聴覚障がい者のスポーツ大会であり、4 年に 1 度開催されます。ボッチャは重度の脳性まひ者や同程度の重度障がいが四肢にある人のためにヨーロッパで考案された競技です。

公式テキスト➡ p.21,170～171

問156 正解 4

障がい者スポーツの分類には、医療レベルのリハビリテーションスポーツ、地域・在宅で健康の維持や社会参加などのために行う市民スポーツ、競技性の高い競技スポーツがあります。スペシャルオリンピックスは知的障がい者を対象としています。 公式テキスト➡ p.21,170〜171

問157 正解 1

公益財団法人日本障がい者スポーツ協会は、障がい者スポーツ指導員（初級・中級・上級）、障がい者スポーツコーチ、障がい者スポーツ医、障がい者スポーツトレーナーの6つの資格制度を定めています。 公式テキスト➡ p.170〜171

問158 正解 1

中高齢者では、マラソンなどで足底腱膜炎やアキレス腱炎が生じることがあります。若年者に比べて身体の柔軟性が低下しやすいため、十分なウォームアップや運動後のクールダウンが必要です。オスグッド病、踵骨骨端症、腸骨裂離骨折は成長期のスポーツ選手に生じやすいスポーツ障害・外傷です。

公式テキスト➡ p.83,168,174〜175

問159 正解 3

運動器の障がいであるロコモティブシンドローム（ロコモ）は、生命の危険性はないものの、移動能力の低下により生活の質が低下します。骨量が低下し骨折のリスクが増す骨粗しょう症はロコモの主な原因疾患の一つです。動脈硬化や心筋梗塞などのリスクが高まるのは、メタボリックシンドロームです。

公式テキスト➡ p.174

問160 正解 3

熱中症は、体内の熱を放出できないことで起こります。そのため、熱中時の救急対処として、身体の冷却は重要です。大きな動脈が皮膚のすぐ下を通過する部位を冷却すると効果的で、首周り（頸動脈）、脇の下（腋下動脈）、鼠径部（大腿動脈）が挙げられます。湿度が高い環境では熱中症が発生しやすいため、温度だけでなく湿度にも注意を払うことが大切です。 公式テキスト➡ p.177

問 161　正解 **2**

熱中症で一過性のめまいや失神が見られるものは熱失神と呼ばれます。熱疲労とは循環不全症状（脱力、めまい、頭痛、嘔吐）がある状態です。競技中は 1 時間あたりに 500-1000 mL の水分とともに、塩分を補給することが大切です。熱中症は屋内の競技で発生することもあります。熱中症予防の指標として、温度に加えて湿度を考慮した WBGT（湿球黒球温度）が用いられ、湿度が高いと WBGT も高くなります。 公式テキスト➡ p.177

問 162　正解 **2**

運動時に適切な水分や塩分を補給しないと脱水となり、熱中症を引き起こします。筋のけいれんや痛みを生じるものは「熱けいれん」と呼ばれます。熱失神とはめまいや一時的な失神を生じるものです。最重症の熱射病では脳機能に異常を来し、意識障害や死亡の危険があります。小児は成人より体の水分割合が多く、代謝が早い割に腎臓の機能が未熟なため脱水や熱中症になりやすいです。

公式テキスト➡ p.162

問 163　正解 **2**

WBGT が 31℃以上の場合は運動は原則中止とします。29℃であれば厳重警戒となり熱中症の危険性が高いため負荷の強い運動メニューを組まないなどの対策が必要です。 公式テキスト➡ p.164,178～179

問 164　正解 **4**

スポーツ現場では、時に選手が倒れ、突然死することがあります。心臓の不整脈が原因となることが多く、適切な救命処置を行うことで、救える命があります。意識と呼吸がないことを確認したら、救急車の要請と AED を持ってきてもらうよう周りの人に要請し、胸骨圧迫を開始します（1 分間に 100～120 回の速さ）。専門家でなければ、胸骨圧迫が他の処置よりも優先され、人工呼吸を行う必要はありません。また、AED は専門家でなくても誰でも使用して良いので、迷わず使いましょう。AED の電気ショックが必要かどうかは、装置が判断してくれます。音声ガイダンスに従って使用して下さい。 公式テキスト➡ p.48

問 165　正解 **2**

心臓震盪はボールなどが胸部に強く当たることで致死的な不整脈が生じるものです。不整脈があっても普段は症状がない場合もあります。

公式テキスト➡ p.48,176

問 166　正解 **2**

ドーピング検査には試合会場で行われる「競技会検査」と、試合会場以外で抜き打ちで行われる「競技会外検査」があります。「競技会外検査」では事前に居場所情報などを提出したアスリートが対象となります。サプリメントや漢方薬、風邪薬などに含まれていて、うっかり飲んでしまった物質でも、ドーピング違反となることがあるため注意が必要です。病気などの治療目的でドーピングの禁止物質が含まれている薬を使用する必要がある選手に対しては、事前申請により使用可能となるTUE（治療使用特例）という制度があります。（参考：日本アンチドーピング機構 http://www.playtruejapan.org/）

公式テキスト➡ p.48,176

問 167　正解 **1**

トップクラスのアスリートで検査対象者リストへ登録された場合、事前通告なしで競技会外検査が行われることがあるため、事前に居場所情報などの提出が必要です。病気などの治療目的でドーピングの禁止物質が含まれている薬を使用する必要がある選手に対しては、事前申請により使用可能となるTUE（治療使用特例）という制度があり、30日前までに申請する必要があります。スポーツファーマシストはアンチ・ドーピングの知識を有する薬剤師のことです。ドーピング違反の物質は、サプリメントや漢方薬、風邪薬などに含まれている可能性があるため注意が必要です。（参考：日本アンチ・ドーピング機構 http://www.playtruejapan.org/）

公式テキスト➡ p.182

問 168　正解 **3**

TUE申請を行なっても許可されない場合もあります。申請は30日前までに医師が行う必要があります。

公式テキスト➡ p.182

問 169　正解 **1, 2, 3, 4**

倒れた人に反応がなく、呼吸が止まっていると判断した場合、心肺蘇生処置である胸骨圧迫をただちに開始することが大切です。また、救急要請や AED を持ってくるなど手助けが必要であり、周囲に応援をお願いする必要があります。現在のガイドラインでは、一般の人が心肺蘇生を行う場合、気道確保や人工呼吸は必要ありません。専門家であれば、気道確保のために頭部を後ろに反らして下顎を挙上させます。サッカーの試合中に倒れた選手に対してチームメイトが駆け寄って舌を引き出して救命した、というニュースが話題になったことがありますが、気道確保のために重要なのは下顎を挙上することで、舌を引き出すのは適切な方法ではありません。

公式テキスト➡ p.48〜49

問 170　正解 **3, 4**

選手が出血している場合、ピッチに戻すためには止血処置が必要となります。また、サッカーでは、審判の指示でメディカルスタッフがピッチに入った場合、選手はいったんピッチの外に出る必要があります。担架が必要かどうかはその時の状況次第ですが、このケースでは選手が倒れこんでおり、担架を使用することは適切な対応と言えます。

問 171　正解 **1, 3, 4**

選手が倒れていた場合、まず意識レベルに問題ないかを確認する必要があります。骨折を整復した経験がない場合、神経障害などを引き起こす可能性があるため、整復を試みるべきではなく速やかに専門家や医療機関の判断を仰ぐべきです。

公式テキスト➡ p.46〜47,104

問 172　正解 **2**

頭頸部外傷が疑われるプレーヤーへの対応として、迅速で適切な搬送処置は重要であり、日本臨床スポーツ医学会による「頭部外傷 10 か条の提言」でも搬送方法について詳しく記載されています。バックボードを使用した搬送方法として、担架要員が 5 人ならログロール法、8 人であればリフトアンドスライド法を選択します。どちらの方法でも、一人がプレーヤーの頭側に位置して頸部を固定します。ログロール法の場合は身体の横から、リフトアンドスライド法の場合は足元側から、バックボードを入れるようにします。バッグボードに乗せた後は、急に暴れた場合を想定して、まず身体を固定してから、頸部を固定します。

公式テキスト➡ p.53

問 173　正解 **1, 2**

AED が到着したら電源を入れ、音声ガイダンスに従い操作します。電極パッドを装着し、心電図解析を行い、解析の結果、ショックが必要な場合は、誰も傷病者に触れていないことを確認してからショックボタンを押します。AED を使用し始めたら、パッドは装着したまま、救急隊に引き継ぐまで胸骨圧迫を継続します。　公式テキスト➡ p.48～49（JRC 蘇生ガイドライン 2015 準拠）

問 174　正解 **2**

頭部外傷後に意識障害が続く場合、救急要請が必要です。また、受傷直後に意識障害はなく、その後意識障害が出現する「意識清明期」があるパターンでは、頭蓋内の出血が進行していることを示唆しており、救急要請が必要です。受傷直後にあった意識障害が回復した場合にも、練習に戻すことは危険です。

公式テキスト➡ p.53

問 175　正解 **2**

脳振盪を起こした場合、プレーを継続してはならず、段階的競技復帰プロトコールに従い、時間をかけて競技に復帰する必要があります。段階 1 は活動なし、段階 2 はウォーキングや自転車エルゴメーターなどの湯酸素運動、段階 3 はランニングなどのスポーツに関連した運動、段階 4 は接触プレーのない運動、段階 5 はメディカルチェックを受けた後に接触プレーを含む訓練、段階 6 は競技復帰とされており、各段階は 24 時間以上あけ、症状がなければ次の段階に進めます。症状が出るようならその段階の前の段階に戻り、24 時間の急速後に再度レベルアップを進めます。

公式テキスト➡ p.52

問 176　正解 **3**

脳振盪を起こした場合、プレーを継続してはならず、段階的競技復帰プロトコールに従って、時間をかけて競技に復帰します。各段階は 24 時間以上あけて症状がないことを確認します。受傷後 4 日目は接触プレーのない練習が可能になります。

公式テキスト➡ p.52

問 177　正解 **1, 2, 3, 4**

今いる場所や日付が言えないような健忘のほか、めまいや嘔気、ふらつきなどの症状、バランステストで姿勢を 5 秒以上保持できない場合や、目を開ける、手が腰から離れる、よろける、倒れるなどが 20 秒で 6 回以上ある場合に脳振盪の可能性が高いと判断されます。

公式テキスト➡ p.51

問 178　正解 **3**

腰椎の椎間板の一部が突出して神経を圧迫し、腰痛や下肢痛を呈するものを腰椎椎間板ヘルニアと呼びます。前かがみは椎間板への負荷が増大するため、痛みが増強します。保存的な治療が基本ですが、手術に至るケースもあります。(4) の腰椎圧迫骨折は長期間の前かがみ姿勢などが原因で椎体が楔形に変形する骨折で、高齢者でよくみられます。

公式テキスト➡ p.58～59

問 179 正解 **4**

バーナー症候群は頚部の急激な動きによって神経がけん引されて、上肢に放散する痛みを生じるスポーツ外傷で、アメリカンフットボールやラグビーなどのコンタクトプレー中の衝突によって生じることがあります。一過性で自然に軽快することも多い外傷ですが、急性期には頚部を安静にし、筋力強化などを行ってから競技復帰することが勧められます。頚髄損傷は頚部に過度な運動や衝撃が加わって発生するもので、上肢、体幹、下肢に運動麻痺や感覚障害などが出現します。

公式テキスト➡ p.63

問 180 正解 **3**

腰椎分離症では、上関節突起と下関節突起の間（関節突起間部）に疲労骨折が起こるとされています。（1）は椎体、（2）は椎間板、（4）は棘突起です。

公式テキスト➡ p.60～61

問 181 正解 **4**

アキレス腱の手術後はギプスや装具で足関節を固定し、患部外のトレーニングを中心に行います。術後 1 か月～1 か月半くらいでギプスや装具を外したのち、アキレス腱への負担を考慮して平地での歩行から慎重に行います。片脚でのつま先立ちができるようになれば、ランニングが許可されます。競技復帰には通常半年以上かかります。

公式テキスト➡ p.98～99

問 182 正解 **2**

オスグッド病は身長の伸びなど成長に影響を及ぼす障害ではなく，成長が止まると痛みが落ち着くことが多いスポーツ障害です。脛骨粗面に付着するのは大腿四頭筋であり、その過剰な牽引を緩和させるために、大腿四頭筋のストレッチは重要です。また、股関節と膝関節をまたぎ股関節の伸展および膝関節の屈曲に働く大腿二頭筋のストレッチも控える必要はありません。通常はレントゲンで診断可能なため MRI 検査の必要性は低く，手術になることもほとんどありません。

公式テキスト➡ p.92～93

問 183　正解 **4**

成長期の野球肘には内側型と外側型があり、治癒過程が大きく異なります。上腕骨小頭の離断性骨軟骨炎は外側型で、初期の場合であれば投球動作を禁止して自然修復されるのを待ちます。治癒には 6 か月から 1 年以上かかることもあり、進行しているケースでは手術が選択されることもあります。

公式テキスト➡ p.72～73

問 184　正解 **1**

肩関節に負担が加わる投球動作において、成長期では力学的に脆弱な骨端線に負荷がかかります。繰り返しの負荷により同部位に損傷を来したものをリトルリーガーズショルダーと呼び、上腕骨近位の骨端線が損傷します。上腕骨小頭の離断性骨軟骨炎は肘の外側、上腕骨内側上顆骨端核の障害は肘の内側の痛みです。投球障害による腱板損傷が 12 歳で生じることはまれです。

公式テキスト➡ p.65

問 185　正解 **1**

野球のヘッドスライディングやダイビングキャッチ、バレーボールでダイビングしてレシーブするなど手を伸ばした状態で地面に飛び込んだ際、肩関節が脱臼することがあります。脱臼した場合は専門家にすみやかに整復してもらう必要があります。三角線維軟骨複合体損傷は手関節、肘内側側副靭帯損傷は肘の損傷です。骨端線は通常成長期が終了すれば閉鎖するため、骨端線線離開は成長期に生じる病態です。

公式テキスト➡ p.68～69

問 186　正解 **4**

母指 MP 関節の側副靭帯損傷はスキーヤーズ・サムと呼ばれます。リスフラン靭帯損傷や有痛性三角骨は足のスポーツ外傷・障害です。三角線維軟骨複合体損傷では手関節の尺側を痛がります。

公式テキスト➡ p.81

問 187　正解 **4**

上腕骨小頭離断性骨軟骨炎は外側型野球肘であり、治癒には 6 か月から 1 年以上かかることがあります。テニス肘では手関節背屈筋群の始まりである肘外側部に症状が出現します。リトルリーガーズショルダーでは肩に痛みが生じます。

公式テキスト➡ p.72,76

問 188　正解 **2**

小学校高学年から中学生にかけては男女とも身体が成長する時期です。この時期は部活動などで運動量が増えやすく、それに伴いスポーツ傷害も発生しやすくなります。小・中学生の段階からスクワット姿勢などで膝関節が内側に入らないよう意識することは膝のケガを防ぐために大切です。 公式テキスト➡ p.124～127

問 189　正解 **3**

ランニングが原因で起こる膝周囲のスポーツ障害として、脛骨近位内側の半腱様筋腱付着部である鵞足部に痛みが生じるものを鵞足炎、外側の腸脛靭帯周囲に痛みが生じるものを腸脛靭帯炎と呼びます。いずれも保存治療が基本であり、痛みの程度に応じた運動量の調節とアスリハを行います。 公式テキスト➡ p.95

問 190　正解 **2**

オスグッド病ではランニング量などの調整（場合によって休止）のほか、アスリハが重要です。(1) は大腿四頭筋のストレッチ、(3) は膝蓋骨の可動性を高めるためのモビライゼーション、(4) は股関節周囲の筋力を強化するエクササイズです。 公式テキスト➡ p.128,140～143

問 191　正解 **1**

前十字靭帯再建術の術後 2 か月では再建した靭帯はまだ成熟しておらず、筋力もまだ回復していない時期であり、基本動作トレーニングをしっかり行う必要があります。通常、術後 3～4 か月でジョギングを開始し、試合や大会に復帰するには 8 か月～1 年程度かかります。 公式テキスト➡ p.84～85

問 192　正解 **4**

1 回で骨折を起こすほどではない外力が繰り返し加わることによって骨折が生じたものを疲労骨折と呼びます。脛骨の中央部に生じる疲労骨折は、ジャンプ着地が多い競技で発生しやすく、難治性であり、4 か月運動休止しても治癒率は 50 %以下とする報告もあり、手術が選択されることがあります。手術をしないで保存加療を行う場合でも、ギプス固定が選択されることは通常ありません。Jones 骨折は第 5 中足骨基部に生じる難治性の疲労骨折です。 公式テキスト➡ p.107

問 193　正解 **1**

下腿三頭筋である腓腹筋の肉離れは中高年に発症しやすいスポーツ外傷の一つで、損傷の程度によっては歩行困難となります。肉離れの画像診断には超音波検査やMRI 検査が有用です。前脛骨筋は下腿前面にある筋肉です。

公式テキスト➡ p.108

問 194　正解 **3**

第 3 中足骨疲労骨折は運動の休止で治癒することが多く、手術を要するケースはまれです。ジョーンズ骨折は第 5 中足骨基部の疲労骨折であり、サッカー選手に多く発生します。脛骨の疲労骨折は近位 1/3 ないし遠位 1/3 に生じる疾走型と、中央に生じる難治性の跳躍型に分類されます。

公式テキスト➡ p.107

問 195　正解 **3**

ジョーンズ骨折は第 5 中足骨基部の疲労骨折であり、サッカー選手に多く発生します。脛骨の疲労骨折は、近位 1/3 ないし遠位 1/3 に生じる疾走型と、中央に生じる難治性の跳躍型に分類されます。

公式テキスト➡ p.107

問 196　正解 **4**

直接打撲によって起こる筋肉の損傷を筋挫傷と呼び、接触プレーの多いスポーツ現場でよく発生します。程度によってはプレー続行も可能ですが、プレー続行が不可能な状態の場合、RICE 処置を行いましょう。

公式テキスト➡ p.48,108

問 197　正解 **1**

肉離れの治療には、MRI 検査で分類されたハムストリング肉離れの治療指針が参考にされます。腱の完全断裂と診断され、競技レベルのスポーツ復帰を目指す場合には、早期の手術が推奨されます。

公式テキスト➡ p.108

問 198　正解 **2, 4**

熱中症予防の指標として、湿度の影響を加味したWBGT（湿球黒球温度）が用いられており、専用の温度計も普及しつつあります。しかし、この温度計がなく、通常の気温計（乾球温度）による温度を参考にする場合、湿度が高ければ 1 ランク厳しい条件の指標をもとに判断します。「運動は原則禁止」となるのはWBGT31℃以上、乾球温度 35℃以上（湿度が高い場合は 31℃以上）であり、(2) と (4) が正解となります。 公式テキスト➡ p.178〜179

問 199　正解 **3**

熱中症のうち、I 度の症状はめまい、立ちくらみ、生あくび、大量の発汗、筋肉痛、こむら返りであり、涼しい場所で水分・塩分摂取を行いますが、症状が改善しない場合は医療機関を受診させます。頭痛や嘔吐など II 度の症状がある場合も医療機関の受診が勧められます。意識障害やけいれんなど III 度の症状がある場合、救急要請が必要です。 公式テキスト➡ p.178〜179

問 200　正解 **4**

ドーピング検査において、治療に必要な薬であっても禁止物質が含まれていると違反と判断されます。病気の治療目的で薬を使用する場合は、事前に TUE（治療使用特例）を申請する必要があります。喘息の場合、ドーピングとならない吸入薬を使用することが勧められます。専門医やスポーツファーマシストに相談することが重要であり、また自分で調べて情報を持っておくことも大切になります。喘息の薬を自己中断することは、リスクがあり勧められません。（参考：日本アンチドーピング機構　http://www.playtruejapan.org/）

公式テキスト➡ p.182〜183

問 201　正解 **1, 2, 3, 4**

スポーツ現場で起こりうる様々な事態に対応できるようにテーピング、体温計、氷嚢、ガーゼなどを入れたメディカルバッグを普段から準備しておくことが望ましいです。 公式テキスト➡ p.181

問 202　正解 **1, 3**

熱中症予防の温度指標として、WBGT（Wet-BulbGlobeTemperature）がよく用いられます。WBGT は気温、湿度、輻射熱の 3 要素から算出されます。日本スポーツ協会の HP で「熱中症予防ガイドブック」が公開されており、より詳しい情報が紹介されています。（https://www.japan-sports.or.jp/medicine/heatstroke/tabid523.html）

公式テキスト➡ p.179

問 203　正解 **4**

車いすバスケットボールのゴールは一般の競技と同様、同じ高さ（3.05m）で行われます。

公式テキスト➡ p.170～171

問 204　正解 **1, 2, 3, 4**

大会運営者は選手が安全に競技を行えるように努める義務があります。AED の保管場所、使用法の確認や、救急時に受診できる医療機関を事前に確認することが望まれます。

公式テキスト➡ p.180

問 205　正解 **2**

熱中症予防の指標として WBGT が用いられます。21℃未満はほぼ安全、21～25℃は注意、25～28℃は軽快、28～31℃は厳重警戒、31℃以上の場合運動は原則中止とされています。

公式テキスト➡ p.179

問 206　正解 **1**

ドーピングの違反物質を含んでいるとは知らなかった、競技力を向上させる目的で使用したつもりはないなどは理由にならず、ドーピング違反となります。TUE は治療目的で使用している薬剤について使用特例を認めてもらう制度であり、大会の 30 日前までに申請する必要があります。

公式テキスト➡ p.182

問 207　正解 **1, 2, 3, 4**

大会運営者には選手が安全に競技を行えるように努める義務があります。スポーツ現場で生じる事故を想定し事前の準備が必要となります。

公式テキスト➡ p.180

問 208　正解 **3**

熱中症とは暑さで生じる障害の総称です。一過性のめまいや失神が見られる熱失神、汗で失われた塩分の補給が足りず、痛みのある筋けいれんを生じる熱けいれん、発汗による脱水と皮膚血管の拡張による循環不全の症状（脱力、めまい、頭痛、嘔吐）を認める熱疲労、体温が 40℃を超え、脳機能に異常を来す熱射病に分類されます。 公式テキスト➡ p.178～179

3級　解答用紙

A　スポーツ

問1	
問2	
問3	
問4	
問5	
問6	

B　身体

問7	
問8	
問9	
問10	
問11	
問12	
問13	
問14	
問15	
問16	
問17	
問18	
問19	
問20	
問21	
問22	
問23	
問24	
問25	
問26	
問27	
問28	

C　ケガ・故障

問29	
問30	
問31	
問32	
問33	
問34	
問35	
問36	
問37	
問38	
問39	
問40	
問41	
問42	
問43	
問44	
問45	
問46	
問47	
問48	
問49	
問50	
問51	
問52	
問53	
問54	
問55	
問56	
問57	
問58	
問59	
問60	
問61	
問62	
問63	
問64	
問65	
問66	
問67	
問68	
問69	
問70	
問71	

D　アスリハ

問72	
問73	
問74	
問75	
問76	
問77	
問78	
問79	
問80	
問81	
問82	
問83	
問84	
問85	
問86	
問87	
問88	
問89	

問90	
問91	
問92	
問93	
問94	
問95	
問96	
問97	
問98	
問99	
問100	
問101	
問102	
問103	
問104	
問105	
問106	
問107	
問108	

E 全般

問109	
問110	
問111	
問112	
問113	
問114	
問115	
問116	
問117	
問118	
問119	

問120	
問121	
問122	
問123	
問124	
問125	
問126	
問127	
問128	
問129	
問130	

F ケーススタディ

問131	
問132	
問133	
問134	
問135	
問136	
問137	
問138	
問139	
問140	
問141	
問142	
問143	
問144	
問145	
問146	
問147	
問148	
問149	

問150	
問151	
問152	
問153	
問154	
問155	
問156	
問157	
問158	
問159	
問160	
問161	
問162	
問163	
問164	
問165	

＊下記の QR コードから、この解答用紙の PDF がダウンロードできます。
(https://toyokan-publishing.jp/spomed-sheet.pdf)

2級　解答用紙

A スポーツ

問1	
問2	
問3	
問4	
問5	
問6	

B 身体

問7	
問8	
問9	
問10	
問11	
問12	
問13	
問14	
問15	
問16	
問17	
問18	
問19	
問20	
問21	
問22	
問23	
問24	
問25	
問26	
問27	
問28	
問29	
問30	
問31	
問32	

C ケガ・故障

問33	
問34	
問35	
問36	
問37	
問38	
問39	
問40	
問41	
問42	
問43	
問44	
問45	
問46	
問47	
問48	
問49	
問50	
問51	
問52	
問53	
問54	
問55	
問56	
問57	
問58	
問59	
問60	
問61	
問62	
問63	
問64	
問65	
問66	
問67	
問68	
問69	
問70	
問71	
問72	
問73	
問74	
問75	
問76	
問77	
問78	
問79	
問80	
問81	
問82	
問83	
問84	
問85	
問86	
問87	

D アスリハ

問88	
問89	
問90	
問91	
問92	
問93	
問94	
問95	
問96	
問97	
問98	
問99	
問100	
問101	
問102	
問103	
問104	
問105	
問106	
問107	

問108	
問109	
問110	
問111	
問112	
問113	
問114	
問115	
問116	
問117	
問118	
問119	
問120	
問121	
問122	
問123	
問124	
問125	
問126	
問127	
問128	
問129	
問130	
問131	
問132	
問133	
問134	
問135	
問136	
問137	
問138	
問139	
問140	
問141	
問142	
問143	

E　全般

問144	
問145	
問146	
問147	
問148	
問149	
問150	
問151	
問152	
問153	
問154	
問155	
問156	
問157	
問158	
問159	
問160	
問161	
問162	
問163	
問164	
問165	
問166	
問167	
問168	

F　ケーススタディ

問169	
問170	
問171	
問172	
問173	
問174	
問175	
問176	
問177	
問178	

問179	
問180	
問181	
問182	
問183	
問184	
問185	
問186	
問187	
問188	
問189	
問190	
問191	
問192	
問193	
問194	
問195	
問196	
問197	
問198	
問199	
問200	
問201	
問202	
問203	
問204	
問205	
問206	
問207	
問208	

＊下記の QR コードから、
この解答用紙の PDF が
ダウンロードできます。

3級　正答一覧

A　スポーツ

問1	3
問2	2
問3	3
問4	4
問5	2
問6	1

B　身体

問7	3
問8	3
問9	2
問10	4
問11	3
問12	2
問13	1
問14	3
問15	3
問16	2
問17	2
問18	1
問19	4
問20	2
問21	2
問22	2
問23	2
問24	4
問25	4
問26	4
問27	4
問28	2

C　ケガ・故障

問29	2
問30	4
問31	4
問32	2
問33	3
問34	2
問35	3
問36	4
問37	4
問38	1
問39	3
問40	3
問41	3
問42	2
問43	2
問44	4
問45	2
問46	3
問47	4
問48	4
問49	1
問50	2
問51	2
問52	1
問53	2
問54	1
問55	1
問56	2
問57	2
問58	3
問59	2
問60	3
問61	2
問62	4
問63	1
問64	4
問65	1
問66	1
問67	2
問68	3
問69	3
問70	1
問71	4

D　アスリハ

問72	4
問73	4
問74	2
問75	1
問76	3
問77	3
問78	4
問79	3
問80	1
問81	2
問82	4
問83	2
問84	2
問85	1
問86	1
問87	3
問88	1
問89	4

問90	4
問91	4
問92	3
問93	1
問94	3
問95	4
問96	2
問97	4
問98	4
問99	3
問100	3
問101	2
問102	3
問103	2
問104	1
問105	1
問106	4
問107	1
問108	1

E 全般

問109	3
問110	2
問111	1
問112	1
問113	2
問114	1
問115	4
問116	3
問117	4
問118	2
問119	2

問120	3
問121	2
問122	1
問123	4
問124	3
問125	4
問126	4
問127	1
問128	4
問129	4
問130	3

F ケーススタディ

問131	2
問132	1
問133	3
問134	3
問135	2
問136	1
問137	4
問138	3
問139	4
問140	3
問141	3
問142	1
問143	3
問144	3
問145	3
問146	3
問147	4
問148	3
問149	4

問150	3
問151	1
問152	3
問153	2
問154	2
問155	2
問156	4
問157	4
問158	4
問159	1
問160	2
問161	2
問162	4
問163	1
問164	3
問165	2

＊下記の QR コードから、
この正答一覧の PDF が
ダウンロードできます。
（https://toyokan-publishing.jp/spomed-answer.pdf）

2級　正答一覧

A スポーツ

問	正答
問1	2
問2	1
問3	2
問4	3
問5	2
問6	1

B 身体

問	正答
問7	1
問8	2
問9	2
問10	2
問11	2
問12	4
問13	1，2
問14	1，2，3，4
問15	1
問16	4
問17	3
問18	1
問19	1
問20	3
問21	2
問22	4
問23	1
問24	3
問25	2
問26	3
問27	3
問28	1
問29	2
問30	3
問31	2
問32	4

C ケガ・故障

問	正答
問33	4
問34	1
問35	3
問36	4
問37	1
問38	3
問39	2
問40	3
問41	4
問42	4
問43	3
問44	3
問45	3
問46	3
問47	1
問48	4
問49	3
問50	4
問51	3
問52	4
問53	4
問54	3
問55	1
問56	2
問57	4
問58	1
問59	1
問60	2
問61	4
問62	3
問63	2
問64	2
問65	1
問66	4
問67	1
問68	1
問69	1
問70	3
問71	2
問72	4
問73	1
問74	4
問75	4
問76	4
問77	2
問78	3
問79	4
問80	3
問81	1
問82	2
問83	4
問84	2
問85	3
問86	1
問87	4

D アスリハ

問	正答
問88	2
問89	4
問90	3
問91	4
問92	3
問93	2
問94	4
問95	2
問96	3
問97	4
問98	4
問99	4
問100	3
問101	4
問102	4
問103	1
問104	3
問105	3
問106	3
問107	2

問108	1
問109	2
問110	1
問111	1
問112	3
問113	2
問114	4
問115	2
問116	4
問117	2
問118	2
問119	2
問120	1
問121	2
問122	1
問123	3
問124	3
問125	3
問126	2
問127	1
問128	2
問129	1
問130	2
問131	3
問132	1
問133	2
問134	3
問135	3
問136	1
問137	2
問138	4
問139	1
問140	2
問141	1
問142	3
問143	1

E　全般

問144	1
問145	2
問146	1
問147	3
問148	3
問149	1
問150	2
問151	3
問152	3
問153	4
問154	4
問155	1
問156	4
問157	1
問158	1
問159	3
問160	3
問161	2
問162	2
問163	2
問164	4
問165	2
問166	2
問167	1
問168	3

F　ケーススタディ

問169	1，2，3，4
問170	3，4
問171	1，3，4
問172	2
問173	1，2
問174	2
問175	2
問176	3
問177	1，2，3，4
問178	3
問179	4
問180	3
問181	4
問182	2
問183	4
問184	1
問185	1
問186	4
問187	4
問188	2
問189	3
問190	2
問191	1
問192	4
問193	1
問194	3
問195	3
問196	4
問197	1
問198	2，4
問199	3
問200	4
問201	1，2，3，4
問202	1，3
問203	4
問204	1，2，3，4
問205	2
問206	1
問207	1，2，3，4
問208	3

＊下記の QR コードから、
この正答一覧の PDF が
ダウンロードできます。

執筆者紹介（氏名順）

相澤純也（順天堂大学）

今井宗典（横浜市立大学）

大関信武（東京医科歯科大学）

本田英三郎（関東労災病院）

一般社団法人日本スポーツ医学検定機構

安全なスポーツ環境の構築を目的として、2015年12月設立。
第1回スポーツ医学検定（スポ医検）を2017年5月14日（日）に開催予定。スポーツ医学の専門家のみでなく、多くのアスリートや指導者の賛同を得た取り組みとなっている。

公式ホームページ
（URL: https://www.spomed.or.jp/）

『スポーツ医学検定公式テキスト 2級・3級改訂版』

初めてスポーツ医学に触れる人にも分かりやすいよう、全項目をイラスト付きで解説しています。専門書ではないので一般の方にも読みやすい一冊です。また、練習問題や一問一答など内容も充実しており、スポーツ医学の入門書として最適の一冊です。

改訂版　2020年6月発行
定価（本体1,900円+税）
A5判　216頁

『スポーツ医学検定公式テキスト 1級』

スポーツ医学の基本的知識があることを前提に、専門的内容を含めて解説しています。スポーツ医学を体系的に学ぶのに最適の一冊です。

初版　2019年1月発行
定価（本体2,700円+税）
A5判　252頁

受検に関する最新情報は、以下の公式ホームページをご確認ください。

■スポーツ医学検定公式ホームページ

https://spomed.or.jp

スポーツ医学検定
公式過去問題集
2級・3級

2020（令和2）年6月30日　初版第1刷発行
2023（令和5）年1月30日　初版第2刷発行

著　者：一般社団法人 日本スポーツ医学検定機構

発行者：錦織圭之介

発行所：株式会社　東洋館出版社

〒101-0054　東京都千代田区神田錦町2丁目9番1号
コンフォール安田ビル2階

代　表　電話03-6778-4343　FAX03-5281-8091

営業部　電話03-6778-7278　FAX03-5281-8092

振替　00180-7-96823

URL　https://www.toyokan.co.jp

装　丁：水戸部功

本文デザイン：明昌堂

本文イラスト：Nobu

印刷・製本：藤原印刷株式会社

ISBN 978-4-491-03705-9
Printed in Japan